語学探偵ハンナ

謎解きフィンランド語

石井 晴奈・著

Bindeballe

2

はじめに

　筆者は 2015 年から、大学や語学教室などでフィンランド語を教えています。フィンランド語は発音が日本語に似ていると言われますが、文法はとても複雑で、「世界一難しい言語」や「悪魔の言語」など、敬遠したくなるような称号を与えられています。2019 年に出版した拙著『Moi からはじめよう　フィンランド語の手ほどき』では、少しでもとっつきやすくなるために、なるべく文法用語を使わない説明を試みました。昨今は「北欧」あるいは「フィンランド」が雑誌のテーマに取り上げられるなど、日本人のフィンランドへの関心は高まっているように思えます。とはいえ、フィンランド語はまだまだメジャーな外国語ではありません。

　そんな中、筆者が講師を務める語学教室から「フィンランド語に親しめるようなウェブコラムを連載してもらえませんか」と依頼を受けました。しかも「文法や語彙について不思議な点、面白い点を扱った、ミステリー仕立てのコラムを書いてほしい」と。

　筆者は元々、シャーロック・ホームズやエルキュール・ポワロといった探偵が登場する作品が好きでした。推理小説を書く才能はないけれど、フィンランド語の謎を探偵に解かせる、という設定には非常に興味を持ち、連載を引き受けました。

　月 1 回の連載でもネタを探すのに毎回苦労しましたが、何とか 25 本のコラムを書くことができました。そして、連載を何回か続けているうちに「コラムをまとめて本にしてはどうか」というリクエストを読者の方からいただき、本書の出版に至ります。

　本書は、フィンランド語が全くわからない人にも楽しめるよう、工夫をしています。それでも、謎によっては前提がやや難しいところがあるかも知れません。探偵ハンナが活躍するミステリーをゆっくりお楽しみいただければと思います。

　それでは、あなたをハンナの事務所へご案内しますね。

目　　次

はじめに………………………………………………………………………… 3

本書の楽しみ方 …………………………………………………………… 6

Case 1：『同じ色なのに』〜述語の形〜……………………………………… 9

Case 2：『コーヒーは飲まれない』〜受動形の用法〜 ………………… 13

Case 3：『行方知れずの原形― KPT の暗号』
　　　　　　〜 KPT 交替（子音階程交替）〜 ……………………… 17

Case 4：『位置情報は正確に』〜場所格の使い分け〜………………… 21

Case 5：『隠された持ち主』〜所有接尾辞〜 ………………………… 25

　　　　コラム１　なぜフィンランド語を学ぶのか ………………… 29

Case 6：『オブジェクト N の変身』〜 2 種類の目的語〜 …………… 30

Case 7：『そこにアイはなかった』〜 aviomies と avomies 〜………… 34

Case 8：『行き先は最後まで確認すべし』〜 maahan と maalle 〜 …… 38

Case 9：『行くのか、行ってくるのか』〜 käydä と mennä が求める格〜… 42

Case 10：『バターはデキる― 2 つの顔を持つことば』
　　　　　　〜同音異義語〜………………………………………… 46

　　　　コラム２　格とは何か ………………………………………… 50

Case 11：『なぜあるのか NA ？』〜状態を表す語尾〜 …………… 51

Case 12：『二者択一のすれ違い』〜 tai と vai 〜 …………………… 55

Case 13：『可能な理由は人それぞれ』〜 osata と voida 〜 ………… 59

Case 14：『第三の数字』〜基数でも序数でもない〜 63

4

Case 15：『でもはでもでも』〜 vaikka の意味〜 ……………………… 68

　　　コラム3 　奇妙なイベント ……………………………………… 72

Case 16：『バースデーソングの謎』〜 vaan の意味〜 ……………… 73

Case 17：『東西南北プラス4』〜方位を表す語〜 …………………… 77

Case 18：『比べてみると』〜形容詞の比較級と最上級〜 ………… 81

Case 19：『求めるものは奪うもの』〜 kysyä が求める格〜 ………… 85

Case 20：『前につくか、後ろにつくか』
　　　　　〜 ympäri の用法〜 ………………………………… 88

　　　コラム4 　夜のない夜 …………………………………………… 92

Case 21：『持っているのに』〜 mukana の用法〜 …………………… 93

Case 22：『行ったことがないわけなかった』〜否定過去形〜 ………… 98

Case 23：『数え方で数が違う？！』〜 billion と biljoona 〜 …………102

Case 24：『バターの花と白いタマネギ』〜複合語〜………………105

Case 25：『言うには長すぎて』〜話し言葉における省略語〜 ………109

　　　コラム5 　つなげた時の悲劇 …………………………………113

　フィンランド語学習に役立つ本と学習サイト………………… 114

　おわりに………………………………………………………… 117

5

本書の楽しみ方

（1）本書のコンセプト

　本書はビネバル出版／北欧留学情報センターのウェブコラム『フィンランド語探偵ハンナ』の第1回～第25回までの内容を、一部加筆・修正して書籍化したものです。フィンランド語の参考書ではありませんのでご注意ください。おそらく**「世界初のフィンランド語をテーマにしたミステリー」**です。推理小説を読むような感覚でお楽しみください。

　各話で文法事項や単語のしくみなど、テーマを1つずつ設けていますが、文法事項は難易度順に並んでいるわけではありません。また、フィンランド語を全く知らない方でもわかるよう、発音のカナ書きや注釈がついています。

（2）登場人物

　探偵ハンナの他に、各話1人ずつ依頼人が登場します。基本的に1話完結で読めるものですが、複数話にわたって登場する依頼人もいるので、彼らのサイドストーリーを展開しています。それぞれのストーリーもお楽しみください。主な登場人物を以下にまとめます（登場順）。

- ハンナ：日本とフィンランドのハーフで、バイリンガル。日本で探偵事務所を営む。依頼人が持ち込むフィンランド語についての謎を解き明かすのが仕事。
- ユミコ：フィンランドへ留学を希望する大学生。美術を学んでいる。
- ケンタ：自称・語学オタクの20代会社員。フィンランドへ行って友達を作るのが夢。
- カナ：フィンランドの教育を研究する大学院生。研究熱心で、フィンランドに友人が多くいる。
- ミチヨ：50代の主婦。近所に日本人とフィンランド人の夫婦が引っ越してきたことをきっかけに、フィンランド語を勉強している。

- サヤカ：出版社に勤める 20 代女性。フィンランド人の友人と会話できるよう、フィンランド語を勉強中。
- マサト：自称・ミリタリーオタクの高校 2 年生。フィンランドの戦車博物館に行くのを目標としている。
- チエミ：子育て中の 30 代主婦。夫の仕事の関係で、ヘルシンキに 2 年間住んでいた。
- タケル：年齢・職業不明。フィンランドが好きで時々一人旅をしているらしい。

　上記の登場人物は実在せず、彼らのストーリーはフィクションです。しかし、筆者が日頃関わっているフィンランド語学習者、あるいはフィンランド好きの方たちを一部モデルにしています。また、たくさんの方々の素朴な疑問が、各話のテーマやストーリーの材料になっています。

（3）コラム
　フィンランド語やフィンランド文化に関するこぼれ話を 5 つのコラムにまとめました（本書書き下ろし）。

Case 1:
『同じ色なのに』
〜述語の形〜

はじめまして！
　私はフィンランド語探偵ハンナ。フィンランドと日本のハーフよ。フィンランド語はもちろん、日本語もこの通りペラペラ。いわゆるバイリンガルね。
　フィンランド語って深い森みたいなもので、「世界一難しい言語」とか「悪魔の言語」なんて言われているの。私の仕事は、その深い森に迷い込んでしまった依頼人が持ち込む謎を解き明かすこと。
ハンナならどんな難題も解決できるんだから！

　さて、記念すべき最初の依頼人は、フィンランドの大学へ留学を目指すユミコさんよ。

ハンナ：こんにちは。今日はどんなご依頼かしら？
ユミコ：私、フィンランド語を勉強中なんですけど、時々フィンランド人の友達と英語でチャットしているんです。そこでフィンランド語を教えてもらったり。
ハンナ：それはいいことね。ネイティブとの接触が多ければ上達も速いわ。
ユミコ：ええ。それでこの前、自分で作った文をチェックしてもらったら、

9

こんな風に直されてしまって。これはその時のメッセージをプリントアウトしたものです。

> (1) **Tomaatti on punainen.**（トマーッティ オン プナイネン）←OK！
>   トマト 〜である 赤い
>   「トマトは赤い。」
> (2) **Tomaattimehu on punainen.**（トマーッティメフ オン プナイネン）
>   トマトジュース
>   「トマトジュースは赤い。」
> (2') **Tomaattimehu on punaista.**（トマーッティメフ オン プナイスタ）
>   「トマトジュースは赤い。」

ハンナ：赤い字がお友達の修正部分ね。

ユミコ：はい。**on**（オン）は英語の**be**動詞みたいなもので、この文は"A is B"、「AはBだ」という文だっていうのはわかります。

でも、おかしくないですか？同じ赤色なのに、トマトだと**punainen**でトマトジュースだと**punaista**。なぜ単語の形が違うんでしょう？その友達に聞いても「理由はわからない」ですって。

ハンナ：あらら。

ユミコ：間違いを指摘しておいて、理由がわからないなんて！今朝も、ト

マトとトマトジュースを前に考え込んでしまいました。ハンナさん、この謎が解けますか？

ハンナ：トタ、トタ[*1]　・・・わかったわ！
　　　　謎を解くカギは「**トマトとトマトジュースの性質の違い**」よ！

ユミコ：はい？

ハンナ：いい？ユミコさん。トマトは1つ、2つ・・・と数えられるものよね。でもトマトジュースは液体だから、ビンやコップに入れない限り1つ、2つとは数えられないわ。
　　　　フィンランド語は、数えられるものと数えられないものの違いをはっきりさせる言語なの。

ユミコ：・・・それがどう関係するんですか？

ハンナ：「AはBだ」っていう文を作る時、A（主語）が数えられるものじゃなかったら、B（述語）はそれ専用の形[*2]になって現れるの。これは色に限ったことじゃなくて、こういう時も。

---

(3) **Tomaatti　on　　　hyvä.**（トマーッティ　オン　ヒュヴァ）
　　トマト　〜である　良い
　　「トマトはおいしい。」

(4) **Tomaattimehu　　on　　hyvää.**（トマーッティメフ　オン　ヒュヴァー）
　　トマトジュース　〜である　良い
　　「トマトジュースはおいしい。」

ハンナ：よ〜く見てね。(3) の「おいしい」と (4) の「おいしい」は少しだけ違うでしょ？

ユミコ：あっほんとだ！じゃあこれも・・・

ハンナ：そう、(4) の **hyvää** は数えられないものを説明する時の形よ。

ユミコ：そういうことか！よくわかりました。ありがとうございます、ハンナさん。

ハンナ：どういたしまして。

ユミコ：でも、フィンランド人の友達はどうして「理由はわからない」と答えたのでしょう？

ハンナ：数えられるものと数えられないものの区別は難しいの。 ネイティブでさえ、語学教師じゃなければきちんと説明できる人はなかなかいないと思うわ。

ユミコ：そうなんですね。さすがハンナさん！

　謎は解決！次はどんな依頼が舞い込んでくるかしら？

（2019 年 3 月 28 日初出）

　*1　トタ (tota)：日本語の「えーっと」に当たる語 tuota（トゥオタ）のくだけた発音。
　*2　文法用語では分格形と言います。

Case 2：
『コーヒーは飲まれない』
〜受動形の用法〜

　Päivää（パイヴァー）！こんにちは！
　最近は忙しいからか、サルミアッキ[*1]にいつもより手を出してしまうの。食べ過ぎには注意しなくちゃ。
　今回も、フィンランド語に関する謎を解き明かしていくわ。ハンナならどんな難題も解決できるんだから！

　さて、2人目の依頼人は、語学を趣味にする会社員のケンタさんよ。

ハンナ：こんにちは。今日はどんなご依頼かしら？
ケンタ：自分で言うのもなんですが、僕は語学オタクで、つい最近フィンランド語を勉強し始めました。難しい文法があるほど、何かこう、燃えるというか・・・。
ハンナ：お仕事しながら語学が趣味だなんて、私も見習わなきゃ。
ケンタ：いや〜、そんな大したことじゃないですよ。独学なので、適当に買った参考書やオンライン辞書で勉強しているんです。そうすると、一人じゃ解決できない問題に出くわしてしまいます。
ハンナ：なるほどね。
ケンタ：今日の依頼はこれです。まず、これは参考書の記述なんですが・・・。

13

フィンランド語の動詞には、受動形という形があります。例えば、以下の (1) にある **juodaan** は **juoda**「飲む」の受動形です。

(1) **Suomessa juodaan kahvia.**（スオメッサ ユオダーン カハヴィア）
　　フィンランドで　　飲む（受動形）　コーヒーを
　「フィンランドではコーヒーが飲まれている。」

ハンナ：受動形が理解できないの？

ケンタ：いいえ、ここまではわかります。日本語にも英語にも受身の形はあるし。問題はここからです。

　　　　僕は学習歴1ヶ月ですが、無謀にもフィンランド語で書かれた絵本を読んでるんです。児童書なら辞書を引きながら読めるか

なと。でも、そこにあった会話がよくわからないんです。

---

(2) **Juodaan**　　　**kahvia!**（ユオダーン　カハヴィア）
　　飲む（受動形）　　コーヒーを

(3)　**Joo,**　　**mennään!**（ヨー　メンナーン）
　　はい　　行く（受動形）

ケンタ：(2) の **juodaan**（ユオダーン）は (1) と同じで、**juoda**（ユオダ）「飲
　　　　む」の受動形ですよね。(2) を訳すとすれば、「コーヒーが飲まれ
　　　　る！」ですが、何だかおかしい気がします。
　　　　(3) はさらにわかりません。オンライン辞書で調べたら、
　　　　mennään（メンナーン）は **mennä**（メンナ）「行く」の受動形
　　　　とありました。とすると、(3) の意味は「はい、行かれる！」？？？

ハンナ：会話の解釈で悩んでしまったのね。

ケンタ：おそらく単純な会話だと思うんですが、独学の僕はつまずいてし
　　　　まって・・・。ハンナさん、この謎が解けますか？

ハンナ：トタ、トタ・・・と考えなくてもすぐにわかったわ！
　　　　謎を解くカギは**「受動形の使い方」**よ！

ケンタ：使い方？受動形は受身を表すんでしょう？

ハンナ：もちろん。でも、それだけじゃないの。
　　　　フィンランド語の受動形は、(1) みたいな受身としてだけでなく、
　　　　「〜しましょう」という誘いかけの意味で使われる場合があるの。

ケンタ：えーっ！受身の形が？

ハンナ：そう。(2) の **juodaan** は「飲みましょう」という意味。つまり文
　　　　全体の意味は「コーヒーを飲もう！」。

15

そして (3) の **mennään** は、もうわかるわよね？

ケンタ：・・・「行きましょう」？

ハンナ：そう！ (3) の意味は「うん、行こう！」ね。

ケンタ：なるほど！どうりで話がつながらなかったわけだ。

ハンナ：本来、「〜しましょう」は命令形で表していたんだけど、今はほとんど使われていないわね。命令形の誘いかけはかなり古めかしい印象を与えてしまうかも。日本語で言うなら「コーヒーを飲みましょうぞ」みたいな。

ケンタ：ははは、何だか時代劇みたいですね。

ハンナ：日常会話では、誘いかけとしての受動形をたくさん耳にするわよ。

ケンタ：いずれ、フィンランド人の友達を作って「コーヒーを飲みに行こう！」とか受動形で言ってみたいな。モチベーションがまた上がりました！

ハンナ：フィンランド語を好きになってくれてるみたいで嬉しいわ。その調子で頑張って！

ケンタ：はい。ハンナさん、ありがとうございました！

　　謎は解決！　次はどんな依頼が舞い込んでくるかしら？

（2019 年 5 月 10 日初出）

　*1　サルミアッキ（salmiakki）：甘草（カンゾウ）や塩化アンモニウムで作られた、独特な味のするキャンディー。フィンランド人の嗜好品。

Case 3：
『行方知れずの原形
― KPTの暗号』

〜 KPT交替（子音階程交替）〜

　Päivää（パイヴァー）！こんにちは！
　フィンランドと言えば有名なのはムーミンだけど、原作はスウェーデン語で書かれたって知ってるかしら？そして、日本で親しまれているキャラクター名はフィンランド語だと全然違う場合があるのよ。スナフキン= **Nuuskamuikkunen**（ヌースカムイックネン）とか。
　余談はこれくらいにして、今日もフィンランド語の謎を解明しなくちゃ。ハンナならどんな難題も解決できるんだから！

　さて、3人目の依頼人は、北欧の教育に興味がある大学院生のカナさんよ。

ハンナ：こんにちは。今日はどんなご依頼かしら？
カナ：私は今、大学院生なんですけど、北欧の教育をテーマに修士論文を書きたいと思っています。先行研究の多くは英語ですが、フィンランド語で書かれた先行研究も少し読んでおきたいので、勉強しながらちょっとずつ読んでいます。
ハンナ：フィンランド語の勉強を始めたばかりなのに、論文を読むなんて大変ね。
カナ：そうですね。周りにはフィンランド語のわかる人がいないので、

17

辞書とにらめっこで。自分一人では限界があります。
ハンナ：先日の依頼人もそんなことを言ってたわ。
カナ：そうですか。独学の人って結構いるんですね。
　今日は、この単語の原形を見つけたくてハンナさんをお訪ねしました。
（ハンナにメモを渡す）

... lapset	ovat	kirkossa...	（ラプセット　オヴァット　キルコッサ）
子供たち	いる	？？？の中に	

ハンナ：このアンダーラインの単語？
カナ：そうです。**kirkossa**（キルコッサ）の最後の **ssa** は「〜の中に」
　　　という意味を表す語尾、で合ってますか？
ハンナ：ええ、その通りよ。
カナ：それは文の一部ですが、**lapset ovat kirkossa** を訳すと「子供
　　　たちは？？？の中にいる」となるんでしょうけど、辞書でいくら
　　　kirko という単語を探しても見つからないんです。それなりの語数
　　　がある辞書なのに・・・ハンナさん、この謎が解けますか？

ハンナ：トタ、トタ・・・わかったわ！
　　　　謎を解くカギは**「最後の K」**よ！

カナ：最後の K ？あの〜、全く意味がわかりません・・・。

ハンナ：入門者なら無理もないわ。

　　　　フィンランド語の名詞に、日本語で言う助詞みたいなものがくっ

　　　　つく[*1]っていうことはわかってるわよね？

カナ：はい。**kirkossa** の **ssa** ですね。

ハンナ：そう。そして、名詞の変化形の一部は、語尾がつく直前の子音が

　　　　変化することがあるの。それも、**K, P, T** のどれかがある場合。

カナ：ええ？！

ハンナ：このルールを全部説明すると余計な混乱を招くだろうから、今は

　　　　カナさんの依頼内容、**kirkossa** について説明するわね。

カナ：あ・・・はい。

ハンナ：結論から言うと、これは「教会」を意味する **kirkko**（キルッコ）

　　　　という単語に **ssa** という語尾がついたものよ。語尾がつく直前

　　　　の子音が **kk**、つまり **K** が２つある名詞の場合、語尾をつけると

　　　　K が１つ消えてしまうの[*2]。

カナ：へえ〜。だから原形が見つからなかったのか。でも、なぜこんな

　　　変化が？

ハンナ：発音しやすいように音が変化したと言われているわ。**kirkkossa**

　　　　（キルッコッサ）より **kirkossa**（キルコッサ）の方が言いやすい

　　　　でしょう。

カナ：う〜ん、そう言われればそうかも。

ハンナ：**kirkko → kirkossa** のような、**K, P, T** にからんだ音の変化を子音

階程交替とか **KPT** 交替っていうのよ。

カナ：シインカイテイコウタイ・・・聞いただけで難しそうですね。

ハンナ：語尾がつく直前の **KPT** に注意！と覚えればいいのよ。根気よく
　　　慣れていくのが最善の方法。

カナ：フィンランド語って本当に「世界一難しい言語」かも知れません
　　　ね。でも、論文を書き上げるために頑張って読みます！ハンナさん、
　　　ありがとうございました！

　　謎は解決！　次はどんな依頼が舞い込んでくるかしら？

（2019年5月28日初出）

　　*1　文法用語では格変化と言います。

　　*2　このような変化が起こらない語尾もあります。

Case 4：
『位置情報は正確に』
〜場所格の使い分け〜

　Päivää（パイヴァー）！こんにちは！
　pesäpallo（ペサパッロ）というフィンランド式野球があるの、知ってる？アメリカ式野球とはルールがだいぶ違っているの。ピッチャーはバッターのすぐそばで垂直にボールを放り投げて、それをバッターが打つ。走塁のコースやストライクカウントの方法も違う。こうなると、もう別のスポーツよね。
　さて、今日もフィンランド語の謎を解明しなくちゃ。ハンナならどんな難題も解決できるんだから！

　4人目の依頼人は、カルチャースクールでフィンランド語を学ぼうとしている主婦のミチヨさんよ。

ハンナ：こんにちは。今日はどんなご依頼かしら？
ミチヨ：最近、お隣にフィンランド人の奥様を持つ方が引っ越してきたんです。とても気さくな奥様なので、もっと親しくなりたくて、フィンランド語をちょっと勉強してみようかなと思い立ちました。
ハンナ：その方、日本語は話せないんですか？
ミチヨ：いいえ、上手なんですけど、フィンランド語を少し話したら喜んでくれるんじゃないかと思って。50歳を過ぎて語学に手を出

21

すのは無茶かも知れませんけど。

ハンナ：何かを始めるのに遅すぎるということはありませんよ。

ミチヨ：そう言っていただけるとうれしいわ。それで、カルチャースクールで勉強しようと思いましてね、一度体験レッスンを受けてみたんです。そうしたら、どうにも理解できないことがあって・・・。これはその時のノートです。

---

(1) **Olen　　postissa.**（オレン　ポスティッサ）
私はいる　郵便局に
「私は郵便局にいます。」

(2) **Olen　　torilla.**（オレン　トリッラ）
私はいる　広場に
「私は広場にいます。」

ハンナ：2つとも「私は～にいます」という文ですね。

ミチヨ：そう、そこなんです。(1) の **postissa**（ポスティッサ）は、**posti**（ポスティ）「郵便局」の変化形で、「郵便局に」という意味ですよね。だから最後の **ssa** が「に」のような意味だと思ったんですけど、(2)の **tori**（トリ）「広場」には別の形、**lla** がついています。

ハンナ：なるほど。レッスンの時は何か言われましたか？

ミチヨ：文法より会話重視の短いレッスンだったので、詳しい説明はされませんでした。私もその時は気づかなくて質問もしなかったけれど、後で疑問がわいてきたんです。**ssa** と **lla**、同じ意味を表すのになぜ形が違うのかしら？ハンナさん、この謎が解けますか？

ハンナ：トタ、トタ・・・わかったわ！

　　　　謎を解くカギは **「位置情報」** よ！

22

ミチヨ：位置情報？郵便局や広場の情報が関係しているんですか？
ハンナ：はい。ミチヨさん、郵便局は当然建物があって、中に入ることができますよね。でも、広場というのは普通建物がなく、地面がメインというイメージでは？
ミチヨ：ええ、そうでしょうけど・・・。
ハンナ：フィンランド語というのは、「中」と「外」の区別を厳格にする言葉なんです。基本的に、**postissa** の **ssa** は「中」に入ることができる場所につける形で、**torilla** の **lla** は「中」に入ることができない場所につける形なんですよ[1]。

ミチヨ：まあ！そんな細かい区別があるの？
ハンナ：ええ。ですから、**Olen postilla.**（オレン　ポスティッラ）とか、**Olen torissa.**（オレン　トリッサ）と言うことは普通ないんです。

ssa と lla だけでなく、場所を表わす語尾は全部で 6 種類あって、
いずれも「中」か「外」かを区別しますね。

	に／で	から	へ
中	ssa (ssä)	sta (stä)	母音＋ n h ＋母音＋ n seen[2]
外	lla (llä)	lta (ltä)	lle

ミチヨ：そんな・・・覚えられません。

ハンナ：会話を重視したいなら、自分が使いそうなものから覚えていくの
がいいですよ。お隣の奥様も教えてくださるでしょうし、間違え
ても誰も咎めたりしませんから気楽に、ね！

ミチヨ：それもそうね。ありがとうございます。問題が解決しただけでなく、
楽しく勉強しようという気になれました！

ハンナ：語学には最低限の文法は必要ですが、大事なのは相手とのコミュ
ニケーションですからね。

謎は解決！　次はどんな依頼が舞い込んでくるかしら？

（2019 年 6 月 30 日初出）

*1　このルールによらない使い方もあります。

*2　「中へ」を意味する語尾は、場所を表す単語の音によって 3
種類あります。ここで言う「母音」とは、場所を表す単語
の最後の母音のことです。

Case 5：
『隠された持ち主』
〜所有接尾辞〜

　Päivää（パイヴァー）！こんにちは！
　2019年の6月に、『パスポート初級フィンランド語辞典』（吉田欣吾著、白水社刊）という新しいフィン・日辞書が出版されたの。もう買った人もいるかしら？今までの辞書は、文章に出てきた単語の変化形から基本形（辞書の見出し語）にたどり着くまでに時間がかかることもあったんだけど、この辞書は変化形の一部も記載されているから、とっても調べやすくなったわ。巻末にテーマ別語彙集もついていたり、学習者にはおすすめよ。
　さて、今日もフィンランド語の謎を解明しなくちゃ。ハンナならどんな難題も解決できるんだから！

　今回の依頼人は、Case 2に登場した会社員のケンタさんよ。ちょっと難しい話になるかも。

ハンナ：こんにちは。お久しぶりね。
ケンタ：そうですね。おかげさまでマイペースながらフィンランド語の勉強は続けていて、実は今度の夏休みにフィンランドへ旅行するんです。
ハンナ：それはいいわね！で、今日はどんなご依頼かしら？

25

ケンタ：今は、「AのB」みたいな所有表現を勉強し始めたばかりなんで
　　　　すが、そこでちょっと疑問がありまして。

（ハンナにノートを渡す）

> (1)　**Se　on　ystävän　koira.**（セ　オン　ユスタヴァン　コイラ）
> 　　　それ　〜である　友人の　犬
>
> (2)　**Se　on　koirani.**（セ　オン　コイラニ）
> 　　　それ　〜である　犬？

ハンナ：(2) がわからないのかしら。

ケンタ：ええ。(1) の **ystävän**（ユスタヴァン）の **ystävä**（ユスタヴァ）
　　　　は「友人」、最後にある **n** は、日本語で言う「の」ですよね。だ
　　　　から、**ystävän** は「友人の」という意味で、(1) の訳は「それは
　　　　友人の犬です」。ここまでは問題ないですよね？

ハンナ：そうね。

ケンタ：ところがある文章中に (2) のような表現があって、**koira** にくっ
　　　　ついてる **ni** というのがわかりません。だから文の意味もよくわ
　　　　からなくて。独学だとこういうところで立ち止まってしまうんで
　　　　す。ハンナさん、この謎が解けますか？

ハンナ：トタ、トタ・・・わかったわ！
　　　　謎を解くカギは **「ni に隠された人物」** よ！

ケンタ：隠された人物？やっぱり所有表現の **n** と関係があるのでしょう
　　　　か？

ハンナ：さすがケンタさん、勘がいいわね。(2) の **koirani** の **ni** は、「私の」
　　　　という意味を持つマークなの。

26

ケンタ：え？この、最後にくっついてる **ni** だけで？

ハンナ：そう！「私」、「あなた」、「彼」など、「人称代名詞」というもので表される人物が何かを所有する時、所有される名詞には「所有接尾辞」というものをつけるの。その一例が、この **ni**。他にこんなものがあるわ。

	単数	複数
1人称	**-ni**「私の」	**-mme**「私たちの」
2人称	**-si**「あなたの」	**-nne**「あなたたちの」
3人称	**-nsa/-nsä**	「彼の／彼女の／彼らの」

ケンタ：ええと、じゃあ (2) は **koirani** が「私の犬」だから・・・「それは私の犬です」か！

ハンナ：その通りよ。

ケンタ：なるほど。あれ？でも、人称代名詞で「私の」みたいな形もありますよね？それは使われないんですか？

ハンナ：「私の犬」と表現するには、いくつかの方法があるの。minun koirani（ミヌヌ　コイラニ）のように人称代名詞の minun「私の」が出てくる場合もあるけど、普通は人称代名詞を使わず所有接尾辞だけで koirani みたいに表すことが多いわ。話し言葉だと、mun koira（ムン　コイラ）みたいに人称代名詞の形が変わって所有接尾辞が消えたりもするわ。

ケンタ：そうなんですか！所有接尾辞の出てくる条件は限られるけど、色々な表現があると使い方を間違えそうですね。

ハンナ：そうね。所有表現は細かく見るとなかなか一筋縄ではいかないけど、ケンタさんは語学の勘が良いようだから、もっともっと上達すると思うわ！

ケンタ：えへへ、褒められるとさらにやる気が出ますね。ハンナさん、ありがとうございました！

ハンナ：どういたしまして。**Hyvää matkaa!**（ヒュヴァー　マトゥカー：良い旅を）

　　　　謎は解決！　次はどんな依頼が舞い込んでくるかしら？

(2019 年 8 月 2 日初出)

コラム1

なぜフィンランド語を学ぶのか

　ハンナのように親がフィンランド人の場合、多少なりともフィンランド語に触れる機会があります。しかし、フィンランド人が身近にいない人は、どうやってフィンランド語に出会い、そしてなぜ学ぼうと思ったのでしょうか。

　筆者は大学生の時、漠然と「何か珍しい言語を勉強してみたい」という気持ちがありました。色々な本を読んで言語を探しているうちに『フィンランド語は猫の言葉』[*1]という本に出会いました。著者の留学体験を記したエッセイがメインですが、発音や文法についても触れていてとても面白く読めました。筆者はこの本がきっかけで、フィンランド語を学ぶことにしたのです。

　筆者が関わった生徒さんは、例えば以下のようなきっかけで学び始めています。

- ● サウナ、デザインなどフィンランド文化が好きだから
- ● フィンランドへ旅行した時に使いたいから
- ● 発音がかわいい、文法が難しいなど言語的な興味から

　上記のような理由は、フランス語やドイツ語など、他の言語を学ぶきっかけにも通じるものですよね。それでも、「なぜフィンランド語？」という質問はいまだにされます。本書を読んでいるあなたがもしフィンランド語を勉強しているなら、そのきっかけは何でしたか？

　　　　　　　　　　　*1　巻末の参考資料を参照。

29

Case 6：
『オブジェクト N の変身』
～2種類の目的語～

　Päivää（パイヴァー）！こんにちは！

　日本は今年も暑い夏だったわね。フィンランドも近年は30℃を超える日が結構あるみたい。気温は日本の方が断然高いけど、フィンランドは電車や公共施設にエアコンがないところが多いから、日本より辛いかもね。ちなみに、フィンランド語で「暑い」は **kuuma**（クーマ）。25℃以上になると「猛暑」に当たる **helteinen**（ヘルテイネン）と言うこともあるの。日本だと25℃は快適な気温なんだけどね。

　さて、今日もフィンランド語の謎を解明しなくちゃ。ハンナならどんな難題も解決できるんだから！

今回の依頼人は、Case 1 に登場したユミコさんよ。

ハンナ：こんにちは、お久しぶりね。元気にしてた？
ユミコ：はい。あれから本格的に留学の手続きを進めています。この前、夏休みを利用してフィンランドへ短期の語学研修にも行きました。
ハンナ：そうだったのね。じゃあ、フィンランド語にちょっとは慣れてきたかしら？
ユミコ：ちょっとずつですけど。研修の時に一般家庭にホームステイをさ

せてもらっていたんですが、今日はその時に浮かんだ疑問を解決したくて伺いました。

ハンナ：なるほど。どうしたの？

ユミコ：ホストファミリーとの会話で、どうしてもわからない表現の違いがあって・・・

（ハンナにメモを渡す）

---

(1)　**Pesin**　　　　**auton**（ペシン　アウトン）
　　私は洗った　　　車を

(2)　**Pesen**　　　　**autoa**（ペセン　アウトア）
　　私は洗う　　　　車を？

ユミコ：(1)はホストファーザーが洗車を終えて家族に言った言葉です。「車を洗ったよ」という意味ですよね？

ハンナ：その通りよ。

ユミコ：でも、ホストファーザーが洗車している時に私が用事で話しかけたら、「（今は）車を洗っているから後で行くよ」みたいに言われたんですけど、その時に出たのが (2) の文です。(1) の **auto**（アウト）「車」にくっついてる **n** は日本語で言う「を」みたいなものだと思っていたんですが、(2) の **auto** には **a** がついています。どちらも「車を」じゃないんですか？同じものを洗っているのに、なぜ「を」を意味する形が違うのでしょう？

ハンナ：この前は2つの「赤い」[1]で、今度は2つの「車」で悩んでいるというわけね。

ユミコ：そうなんです。ハンナさん、この謎が解けますか？

ハンナ：トタ、トタ・・・わかったわ！
謎を解くカギは**「objekti（オブイェクティ）の N」**よ！

ユミコ：オブイェ・・・？　何ですかそれ？
ハンナ：ああ、ごめんなさい。ちょっとカッコつけてしまったわ。**objekti**（オブイェクティ）というのは、「目的語」を意味するフィンランド語よ。英語だと **object**（オブジェクト）。ユミコさん、目的語ってわかるかしら？
ユミコ：はい！動作を受ける対象、例えば「私はパンを食べる」の「パンを」ですよね？
ハンナ：そうよ。(1) のように、「洗う」という動作を受けるのは「車」、つまり **auto** は目的語だから、それを示す **n** がついている。ここまでは理解できてるのね。じゃあ、(1) の時、車はどういう状態だった？
ユミコ：え？もちろん、洗い終わってきれいな状態でしたよ。

ハンナ：そうでしょうね。つまり車全体に「洗う」という動作が行われた
　　　　状態。じゃあ、(2) の時、車はどういう状態だった？

ユミコ：ホストファーザーが洗っている途中だったから、部分的にはきれ
　　　　いだけど、おそらく汚れはまだ残っていたと思います。

ハンナ：そう、そこなのよ。(2) の場合、車を洗っている途中で、車全体
　　　　には「洗う」という動作が及んでいないとも解釈できるわよね？

ユミコ：うーん、そうですけど、それがどう結びつくんですか？

ハンナ：ユミコさんは、目的語にはいつも n がつくものと思っているよ
　　　　うだけど、動作がどのように行われているかで、n が違う形にな
　　　　ることがあるの。(1) は「車全体を洗い終わった」から auto に n
　　　　がつくんだけど、(2) は「洗車の途中で、まだ全体を洗い終えて
　　　　いない」から auto には n がつかなくて、代わりに a という形が
　　　　つくの[*2]。

ユミコ：へえー！じゃあ、n と a は動作の進み具合の違いを表すってこと
　　　　ですか？

ハンナ：そう！目的語につく n って、実は他にも条件があるの。おっと、
　　　　次の依頼人が来る時間だわ。またの機会に話すとするわね。

ユミコ：またわからないことがあったら相談させてください。同じものに
　　　　対する2つの表現で悩まなくなるよう、今後も勉強がんばります。
　　　　ハンナさん、ありがとうございました！

　　謎は解決！　次はどんな依頼が舞い込んでくるかしら？

（2019 年 8 月 26 日初出）

　　*1　Case 1 を参照。

　　*2　文法用語では n は対格形、a は分格形と言います。分格形
　　　　は名詞の音によって a 以外にも種類があります。

Case 7：
『そこにアイはなかった』

~ aviomies と avomies ~

Päivää（パイヴァー）！こんにちは！
　フィンランド語は日本語と似た発音が多くて、時々日本語みたいに聞こえる単語もあるの。"ウニ"（**uni**：「夢」）、"スシ"（**susi**：「オオカミ」）、"ハナ"（**hana**：「蛇口」）とか。最近私が気づいたのは"アンタカー！"（**antakaa**：「〜を与えてください」）。何だか怒られてるみたいね。
　さて、今日もフィンランド語の謎を解明しなくちゃ。ハンナならどんな難題も解決できるんだから！

　今回の依頼人は、フィンランド人の友人を持つサヤカさん。今回は文法の話じゃなくて、とある単語の話よ。

ハンナ：はじめまして。今日はどんなご依頼かしら？
サヤカ：えっと、私は出版社に勤めているんですけど、大学時代に短期研修でフィンランドに行ったのがきっかけで、フィンランド人の友人がいます。アンナって言うんですが、昨日彼女とビデオチャットをしました。
ハンナ：いいわね。お友達とはフィンランド語で話すの？
サヤカ：まだまだ勉強中なので、簡単な会話だけフィンランド語でするようにしています。それで、今回はどうにもわからない謎に遭遇し

てしまって。

ハンナ：謎、というと？

サヤカ：ビデオチャットの時、私もアンナも互いの自宅にいました。おしゃべりしていたら、画面の端っこにちょっとだけ男性が映ったので、「誰？」と聞きました。するとアンナは「彼は私の配偶者よ」と答えました。結婚したなんて話は聞いたことがなかったので「いつ結婚したの？」と聞くと「夫じゃなくて配偶者よ」と言うんです。訳がわかりません。もう一度確認しても同じでした。

ハンナ：うん？確かにわからないわね。その会話、フィンランド語でしていたんでしょう？ここに、その時のことをよーく思い出して、フィンランド語で書いてくれない？

サヤカ：わかりました。えーと、確か・・・

アンナ：**Hän　on　　　　avomieheni.**（ハン　オン　アヴォミエヘニ）
　　　　彼　　〜である　私の配偶者？

サヤカ：**Milloin　　menit　　　naimisiin?**
　　　　（ミッロイン　メニトゥ　　ナイミシーン）
　　　　いつ　　　　あなたはした　結婚を

アンナ：**Ei　　　　mieheni,　　vaan　　　avomieheni.**
　　　　（エイ　　　ミエヘニ　　ヴァーン　　アヴォミエヘニ）
　　　　〜ではない　私の夫　　　ではなく　　私の配偶者？

ハンナ：アンナさんは確かにこう言ったのね？

サヤカ：はい。「夫」を意味する単語が2種類あるというのは知っています。アンナの2番目の言葉にある単語から「私の」に当たる語尾[*1]を除いて言うと、**mies**（ミエス）が「夫」、**avomies**（アヴォミエス）が「男性の配偶者」という意味ですよね。だとしたら、アンナの言ってることは全くわかりません。アンナも私をからかうように

35

「サヤカの勉強になるから自分で解決してね」と言う始末で。その上「もう出かける時間だからまたね」とチャットを終了してしまって、詳しい説明をしてもらえませんでした。それからこの謎が気になって仕方なくて。ハンナさん、この謎が解けますか？

ハンナ：トタ、トタ・・・わかったわ！
　　　　謎を解くカギは**「i（アイ）の存在」**よ！

サヤカ："i"？スペルってことですか？
ハンナ：サヤカさん、あなたはちょっとした勘違いをしているわ。それが大きな誤解につながってしまったのね。この２つの単語をよく見て。

aviomies（アヴィオミエス）　—　**avomies**（アヴォミエス）

36

サヤカ：え？これって同じじゃ・・・？

ハンナ：やっぱり勘違いしてたのね。左の **aviomies** は「男性の配偶者」
　　　　という意味。右の **avomies**、つまりアンナさんが言ったのは「男
　　　　性のパートナー」という意味だったのよ。配偶者とパートナーの
　　　　違いはわかるわよね？

サヤカ：ええ、事実婚の相手ですよね・・・あっ！途中に **i** があるかない
　　　　かで意味が違うってことですか！

ハンナ：その通り。サヤカさんは **avomies** を **aviomies** の省略形か何か
　　　　だと思っていたんじゃない？

サヤカ：そうです！フィンランド語は音を省略することが多いので、話し
　　　　言葉の形なのかと・・・な〜んだ、紛らわし〜い！！

ハンナ：「**i**（アイ）がある方＝ "**aviomies**" が結婚相手」、と覚えたら？
　　　　まあ、結婚していてもしていなくても相手にアイ（愛）はあるけ
　　　　どね！

サヤカ：あはは！ハンナさんおもしろーい！謎が解けてすっきりしまし
　　　　た。また何かあったら相談させてください。ありがとうござい
　　　　ました！

　謎は解決！　次はどんな依頼が舞い込んでくるかしら？

（2019 年 10 月 1 日初出）

　　*1　「私の」を表すには名詞に **ni** という語尾（所有接尾辞）をつ
　　　　けます（Case 5 を参照）。この時、名詞の形も少し変わる
　　　　ことがあります（**mies**「夫」→ **mieheni**「私の夫」）。

Case 8：
『行き先は 最後まで確認すべし』
~ maahan と maalle ~

　Päivää（パイヴァー）！こんにちは！
　日本は紅葉の季節ね。フィンランドの紅葉はもう少し早い時期で、10月には雪が降り始める地域もあるわ。地面がぬかるんで歩きにくいことから、フィンランド語で「10月」は **lokakuu**（ロカクー）＝「泥の月」って言うのよ。ちょっと切ない語源ね。
　さて、今日もフィンランド語の謎を解明しなくちゃ。ハンナならどんな難題も解決できるんだから！

　今回の依頼人は、Case 4 に登場した主婦のミチヨさんよ。

ハンナ：こんにちは、お久しぶりですね。フィンランド語の勉強はいかがですか？
ミチヨ：こんにちは。お隣のフィンランド人の奥様と、ちょっとだけフィンランド語で話せるようになってきました。お互いの家を行き来して、一緒にシナモンロールを作ったりしています。
ハンナ：いいお付き合いができているようで何よりですね。さて、今日はどんなご依頼ですか？
ミチヨ：先日ご相談していた場所の表現も少しずつ覚えて、「明日買い物に行きます」くらいのことは言えるようになりました。ところが、

　　　　また場所の表現で不可解なことに気づいたんです。

ハンナ：どういったことでしょうか？

ミチヨ：お隣の奥様がご旅行の計画を話してくださったのですけど、その時の会話を後で思い返したら不思議なんです。これは、会話を思い出して書き留めたメモです。読んでいただけます？

（ハンナにメモを渡す）

パイヴィ：**Menen　maalle　huomenna.**（メネン マーッレ フオメンナ）
　　　　　私は行く　国へ？　明日　「明日、私は国へ行くわ」（？）

ミチヨ：**Maalle?　Missä　se　on?**（マーッレ　ミッサ　セ　オン）
　　　　国へ？　どこに　それ　ある　「国へ？どこなの？」

パイヴィ：**Menen　Tohokuun.**（メネン　トーホクーン）
　　　　　私は行く　東北へ　　「東北へ行くのよ」

ハンナ：お隣の奥様はパイヴィさんと言うんですね。

ミチヨ：はい。最初は彼女が海外旅行をするのかと思いました。それで
　　　　尋ねたら、「東北へ行く」と答えが返ってきて。**maa**（マー）って「国」という意味ですよね？どうして東北へ行くのに「国」
　　　　という単語を使ったのか、と後で疑問が残りました。ハンナさ
　　　　ん、この謎が解けますか？

ハンナ：トタ、トタ・・・わかったわ！
　　　　謎を解くカギは**「行き先の最後の形」**よ！

ミチヨ：最後の形？どういうことでしょうか？

ハンナ：ミチヨさん、**maa** という単語は確かに「国」という意味ですが、
　　　　それだけじゃないんです。この２つの文を見てください。

---

　(1)　**Menen maahan.**（メネン　マーハン）
　(2)　**Menen maalle.**（メネン　マーッレ）

ミチヨ：あら、**maa** についている語尾が違いますね。

ハンナ：そうです。(1) は「私は（その）国へ行く」という意味です。でも、
　　　　(2) は「私は地方、郊外へ行く」という意味になるんです。**maa**
　　　　につく語尾が変わっているでしょう？それで意味の違いを表す
　　　　んですよ。

ミチヨ：まあ！そういえば英語の **country** も「国」と「地方、郊外」と
　　　　いう意味があるけれど、まさか語尾で意味の違いを表すとは思わ
　　　　なかったわ。

ハンナ：こういった単語はあまり多くはありませんけどね。他には・・・
　　　　例えば、**kahvi**（カハヴィ）は「コーヒー」という意味です
　　　　が、**"Menen kahville."**（メネン　カハヴィッレ）と言うと、「私

はコーヒーの方へ行く」という意味ではなく「私はお茶をしに行く」という意味になります。

ミチヨ：なるほど、そうだったの。じゃあ、パイヴィさんは「郊外へ行く」と言っていたんですね。

ハンナ：ええ。場所の形は最後まで確認することが大事ですね。これを機会に、決まった言い方として文で覚えてしまうといいですよ！

ミチヨ：そうね。今度郊外へ旅行する時に私も使ってみようかしら。また相談に伺いますね。ありがとうございました！

　謎は解決！次はどんな依頼が舞い込んでくるかしら？

(2019 年 10 月 31 日初出)

Case 9:
『行くのか、
行ってくるのか』
〜 käydä と mennä が求める格〜

　Päivää（パイヴァー）！こんにちは！
　もうすぐクリスマスね。日本ではデパートなどで早々とクリスマスの準備を始めているけど、フィンランドでも11月くらいから、**pikkujoulu**（ピックヨウル）＝「小さなクリスマス」と呼ばれるイベントを友人や同僚と催すの。みんな、色々なところで開かれる**pikkujoulu**に行くわね。日本の忘年会のようなものかしら。
　さてと、今日もフィンランド語の謎を解明しなくちゃ。ハンナならどんな難題も解決できるんだから！

　今回の依頼人は、Case 3に登場した大学院生のカナさんよ。

ハンナ：こんにちは、お久しぶりね。
カナ：そうですね。大学院での研究は順調に進んでいます。北欧の教育
　　　に関する論文を少しずつ読んで、修士論文の全体像がだんだん見
　　　えてきました。
ハンナ：それなら、だいぶフィンランド語も読めるようになったかしら？
カナ：うーん、何せ独学なので、**pikku hiljaa**（ピック　ヒルヤー：少
　　　しずつ）という感じです。やり始めた頃に比べれば、多少進歩は
　　　したでしょうか。でもまた疑問が出てきたので、ご相談に来たん

です。
ハンナ：今日はどんなご依頼？
カナ：ハンナさん、もしお友達と一緒にいたとして、話の途中でその人がトイレに行くと言うのはおかしいと思いますか？
ハンナ：え？おかしくはないわよ。誰でもそういうことがあるでしょう。
カナ：でも、この前フィンランド人と話す機会があって、途中で私が **Menen vessaan.**（メネン　ヴェッサーン）＝「私はトイレへ行きます」と言ったら、その人は一瞬キョトンとしたんです。その後は普通でしたが。
ハンナ：あなたは **Menen vessaan.** と言ったのね？
カナ：はい。**menen**（メネン）は「私は行く」という意味、**vessaan**（ヴェッサーン）は **vessa**（ヴェッサ）＝「トイレ」の「〜へ」という形ですよね。文法は合ってるはずなのに、どうしてあんな表情をしたのかな、フィンランドでは途中でトイレに立つのはマナー違反なのかな？と思って・・・ハンナさん、この謎が解けますか？

ハンナ：トタ、トタ・・・わかったわ！

謎を解くカギは「『行く』と『行ってくる』の違い」よ！

カナ：え？「行く」のと「行ってくる」のは日本語の違いじゃないですか？

ハンナ：カナさん、**menen** の原形は **mennä**（メンナ）＝「行く」よね。**mennä** と似た意味の動詞を知ってる？

カナ：えーと、そういえば見たことがありますね。たしか **käydä**（キャユダ）です。でもあまり自分で使ったことはありません。

ハンナ：そこなのよ。**mennä** は「行く」という動作にだけ注目している時に使うんだけど、**käydä** は「行ってくる」という意味で、「一時的に立ち寄る」というニュアンスがあるの。

カナ：へ〜え。あ！そうか、もしかして・・・。

ハンナ：気づいたみたいね。トイレやサウナへ行ったり、旅行でどこかへ出かけたりといった場合には **käydä** を使うことが多いの。

カナ：なるほど、一時的に立ち寄る場所ですからね。

ハンナ：特に「トイレへ行ってくるね」と言う時は **käydä** を使うのが普通ね。この場合は **vessa** の語尾が違っていて、**Käyn vessassa.**（キャユン　ヴェッサッサ）＝「私はトイレへ行ってきます」となるんだけど。

カナ：だから私が **Menen vessaan.** と言った時、ネイティブはキョトンとしたんですね。

ハンナ：別に間違いではないけど。「トイレへ行く」という動作しか表す必要がない場合には使うわ。極端な例だけど「悲しくて泣きたくなったからトイレへ行く」みたいな状況では、**Menen vessaan.** と言うかもね。

カナ：すぐに戻るというニュアンスを伝えるには **Käyn vessassa.** と言うのかあ。難しいですね。

44

ハンナ：厳密な使い分けがあるわけでもないから、かえって難しいかも知れないわね。

カナ：メモしておこう。"「トイレへ行ってくる」は **Käyn vessassa.**"、と！最初は研究手段としてフィンランド語の勉強を始めましたけど、何だかフィンランド語自体が面白くなってきました。ハンナさん、ありがとうございました！

　謎は解決！　次はどんな依頼が舞い込んでくるかしら？

（2019 年 11 月 30 日初出）

45

Case 10：
『バターはデキる
――２つの顔を持つことば』
〜同音異義語〜

　　Päivää（パイヴァー）！こんにちは！

　遅くなったけど、**Hyvää uutta vuotta!**（ヒュヴァー　ウーッタ　ヴオッタ）＝「新年おめでとう！」今年も皆さんにたくさんの幸せがありますように。

　年が明けても探偵事務所は忙しいわ。今日もフィンランド語の謎を解明しなくちゃ。ハンナならどんな難題も解決できるんだから！

　　あら？　新しい依頼人かしら。

（ハンナ、事務所のシャッターを開けると年老いた男性を見つける）
ハンナ：おはようございます。こちらにご用でしょうか？
老人：おお、こちらは探偵事務所ですな。それも、フィンランド語の謎を解明するという。
ハンナ：はい、その通りです。
老人：フィンランド語は世界一難しいと言われているようじゃが、依頼人は毎日大勢いらっしゃるのかな？
ハンナ：ええ、最近は北欧ブームも手伝って、以前よりさらに増えています。ところで、その、あなたもご依頼にいらっしゃったのですか？
老人：ハンナ探偵、あなたはかなり優秀だという噂じゃが、こんなのは

どうかな？
　　『キノコでキュウリをこすると痛い。バターはデキる。』
これはどういう意味かのう？すぐにわかれば、あなたは名探偵じゃ・・・

ハンナ：はい？あれ、おじいさんが消えた！！いったい何？！
老人の声：今から１分以内で謎を解いてみなされ。はっはっはっ・・・
ハンナ：うわ、声だけ聞こえる！とりあえず落ち着こう。フィンランド語
　　　　の謎なのよね。

　　トタ、トタ・・・キノコでキュウリを・・・バターはデキる・・・
　　わかったわ！
　　謎を解くカギは「同音異義語」よ！

老人の声：ほう、詳しく説明してくださるかな？
ハンナ：キノコ、キュウリ、バター。この３つをフィンランド語に訳

47

すと「キノコ」は **sieni**（シエニ）、「キュウリ」は **kurkku**（クルック）、「バター」は **voi**（ヴォイ）です。しかし、これらは別の顔を持っています。それぞれに、いわゆる「同音異義語」、つまり「同じ発音で異なる意味を持つことば」が存在するんです。

老人の声：ふむ。

ハンナ：**sieni** は「キノコ」の他に「スポンジ」という意味があり、**kurkku** は「キュウリ」の他に「のど」という意味があります。異なる意味のことばをそれぞれさっきの文に当てはめると、『スポンジでのどをこすると痛い』となり、意味が通じる文になります。最後の『バターはデキる』ですが、**voi** は「バター」の他に「〜できる（可能）」「おやまあ（感嘆詞）」という意味があります。そこで『バターはデキる』をフィンランド語にすると **Voi voi.**（ヴォイ　ヴォイ）。これも「おやまあ」という意味の表現として成り立ちます。

　フィンランド語の同音異義語を考えれば、『キノコでキュウリをこすると痛い。バターはデキる。』は『スポンジでのどをこすると痛い。おやまあ。』という文に読み替えることができます。いかがでしょうか？

（老人、再び姿を現す）

老人：むむむ、予想外に早く解決されてしまったのう。もう少し難しい謎でも良かったかも知れん。頼もしい探偵になっているようで何よりじゃ。

ハンナ：あれ、さっきといでたちが違うように見えますが・・・赤い服に赤い帽子・・・えっ？おじいさん、もしかしてサンタクロース？！

老人：さあ、どうかの。短い時間じゃったが、楽しかったぞ、ハンナ。これからも悩める依頼人をたくさん救っておくれ。またいつか遊

びに来ようかのう。ほっほっほっ・・・

ハンナ：・・・う〜・・・はっ？！え？私、寝てたの？おかしいな、さっ
　　　　きまでおじいさんと話してたのに、なんで机に突っ伏して・・・。
　　　　夢・・・だったの？年が明けたのに、サンタクロースが事務所に
　　　　来る夢なんて、変なの・・・あ、そういえばあのおじいさん、小
　　　　さい頃に亡くなったおじいちゃんに似てたかも・・・

　　謎は・・・一応解決、かな？亡くなったおじいちゃんが私を心配して
来てくれた、な〜んてね。さて、休んでいる暇はないわ。次はどんな依
頼が舞い込んでくるかしら？

（2020年2月5日初出）

49

コラム2

格とは何か

これまでの10話で、時々「～格」という文法用語が出てきました。ここではちょっと真面目に「格」についての説明をします。

「格」とは簡単に言うと「文の中での役割」を意味します。実は日本語にも格という概念は存在するんです。例えば、**太郎が次郎を呼ぶ。**という文があるとします。この文で「呼ぶ」動作をするのは「太郎」、「呼ぶ」動作を受ける（つまり呼ばれる）のは「次郎」ですね。こういった、動作をする、動作を受ける、などが「文の中での役割」なのですが、それがわかるのは助詞「が」と「を」のおかげです。**仮に次郎を太郎が呼ぶ。**と語順を変えたとしても、「太郎」と「次郎」の役割はわかります。しかし**次郎、太郎、呼ぶ。**と言ってしまうと、彼らの役割がわからなくなってしまいますね。

まとめると、日本語では「が」や「を」などの助詞が「格（＝文の中での役割）」を表してくれるのです。「格助詞」という用語もあります。そして、この「格」はフィンランド語にもあるというわけです。

日本語には10種類の格があるとされています。一方、フィンランド語の格は15種類。その上、フィンランド語の格を表す語尾を名詞につけるルールはとても難しく、単語自体が変わってしまうということも少なくありません。「悪魔の言語」と言われるのはこのようなことがあるからだと思います。

Case 11：
『なぜあるのか NA ？』

～状態を表す語尾～

　Päivää（パイヴァー）！こんにちは！
　フィンランドには、ちょっと変わったイベントがあるの。手ぶらの状態でギターを弾く動きを競う「エアギター選手権」に、ヘヴィメタル・ロックを演奏しながら編み物をして、その技術と独創性を競う「ヘヴィメタル編み物選手権」。この 2 つは世界大会で、日本人が優勝したこともあるから、知っている人も多いんじゃないかしら。
　さて、今日もフィンランド語の謎を解明しなくちゃ。ハンナならどんな難題も解決できるんだから！

　今回の依頼人は、Case 7 に登場した出版社勤めのサヤカさん。お友達をたずねてフィンランドへ行ってきたばかりなんですって。

ハンナ：こんにちは、お久しぶりね。
サヤカ：そうですね。実は私、先月友人のアンナをたずねてフィンランド旅行をしたんです。当然日本よりは寒かったですけど、一週間とても楽しく過ごせて、絶対また行きたい！とアツくなりました。
ハンナ：まあ、それは嬉しいわ。フィンランド語学習のモチベーションも上がるわね。それで、旅行中に何か謎が生まれて今日来た、のか

しら？
サヤカ：その通りです。ヘルシンキから、高速バスでトゥルク[*1]まで行った時のことです。トゥルクにはアンナが住んでいるので。
ハンナ：なるほど。それで？
サヤカ：ご存知だと思いますが、ヘルシンキとトゥルクの間にサロという町があります。もうすぐサロに到着する、という時に、運転手さんが"セウラーヴァナ　サロ"とアナウンスしたように聞こえました。そこでおやっと思ったんです。
ハンナ：「次はサロです」という意味ね。何がおかしいと思ったの？
サヤカ：私は **seuraava**（セウラーヴァ）「次の」という単語なら知っています。でも、単に **"Seuraava Salo."**（セウラーヴァ　サロ）ではなく、**"Seuraavana Salo."**（セウラーヴァナ　サロ）と聞こえたんです。私の聞き間違いなのか、本当にそう言っていたのかわか

らなくて。アンナにも聞きそびれてしまって、ご相談に来ました。細かいことですが、気になってしまって。ハンナさん、この謎が解けますか？

ハンナ：トタ、トタ・・・わかったわ！
謎を解くカギは**「状態を表す NA」**よ！

サヤカ：あ、じゃあやっぱり「ナ」は聞き間違いじゃなかったんですね？
ハンナ：そう、サヤカさんのリスニング力はなかなかのものよ。フィンランド語には「〜として、〜の状態で」という意味を表す **NA** という語尾があるの。**"Seuraavana Salo."** を直訳すると「次としてはサロです」みたいになっちゃうんだけど、よくある言い方なのよ。
サヤカ：ふうん。**seuraava** 以外の単語に **NA** がつくこともあるんですよね？
ハンナ：もちろん。特によく使うのは、曜日や時間帯を表す時ね。例えば、「今日は日曜日だ」は **"Tänään on sunnuntai."**（タナーン オン スンヌンタイ）と言うんだけど、「日曜日に会いましょう」は **"Nähdään sunnuntaina."**（ナハダーン スンヌンタイナ）のように **NA** がつくのよ。
サヤカ：そうか、うっかりしてると **NA** をつけるのを忘れちゃいそう。
ハンナ：**tämä talvi**（タマ タルヴィ）「今冬」という表現も、**"Tänä talvena sataa paljon lunta."**（タナ タルヴェナ サター パルヨン ルンタ）「今冬には雪がたくさん降っている」のように使うわね。
サヤカ：そうなんですか。「タナ タルヴェナ」って、何だか韻を踏んで

53

いるように聞こえますね。フィンランド語はラップが作りやすい
かも？

ハンナ：あはは、そうかもね。

サヤカ：これからは、**NA** をつけて自然に話せるよう頑張ります！ハルナ
さん、ありがとうございました！

　謎は解決！　次はどんな依頼が舞い込んでくるかしら？

（2020 年 3 月 5 日初出）

*1　フィンランド南西部にある都市。1819 年まではフィンラン
ドの首都だった。

Case 12：
『二者択一のすれ違い』

～ tai と vai ～

　Päivää（パイヴァー）！こんにちは！
　フィンランドの民族楽器「カンテレ」って知ってるかしら？見た目はお琴みたいで、指で弦をはじいて演奏するの。実は私も趣味で時々弾いてるわ。ハープとオルゴールを足して2で割ったような癒しの音よ。気になる人はぜひ調べてみてね。
　さて、今日もフィンランド語の謎を解明しなくちゃ。ハンナならどんな難題も解決できるんだから！

　今回の依頼人は、会社員のケンタさん。半年ぶりの登場よ。

ケンタ：こんにちは。すっかりご無沙汰していました。
ハンナ：こんにちは、お久しぶり！フィンランド語はもうかなりできるんじゃない？だからここに来る必要がなくなったのだと思っていたけど。
ケンタ：いえいえ。仕事が忙しくてのんびりペースの学習なので、なかなか・・・。あ、でも実は昨年のフィンランド旅行で、フィンランド人と友達になれました！僕が現地でお世話になった日本人の方の知り合いで、日本のアニメが好きな女の子なんです。
ハンナ：まあ、いいじゃない！その子も日本に来ることがあるの？

55

ケンタ：そうなんです、先週遊びに来てくれました。その時の会話で、何
　　　　だかおかしなことがあって・・・。

ハンナ：それで来たのね。どんなことがあったの？

ケンタ：はい、ここに会話をメモしたので見てください。マイヤというの
　　　　が友人です。レストランで飲み物を注文しようと思って、コーヒー
　　　　と紅茶どっちにするか聞いたつもりなんですが・・・。

ケンタ：**Juotko　　kahvia　　tai　　teetä?**
　　　　（ユオトゥコ　カハヴィア　タイ　テータ）
　　　　あなたは飲むか　コーヒーを　または　紅茶を
　　　　「コーヒーと紅茶どっちを飲む？」（？）

マイヤ：**Joo,　totta　kai.**（ヨー　トッタ　カイ）
　　　　はい　もちろん
　　　　「ええ、もちろん。」

ケンタ：**Eh...　　kahvia　　　tai　　teetä...?**
　　　　（アー　　カハヴィア　タイ　　テータ）
　　　　えーと　コーヒーを　または　紅茶を
　　　　「えーと・・・コーヒーか紅茶か・・・？」（？）

マイヤ：　**Ai,　　　anteeksi,　　juon　　kahvia.**
　　　　（アイ　　アンテークシ　ユオン　　カハヴィア）
　　　　ああ　　ごめんなさい　私は飲む　コーヒーを
　　　　「ああ、ごめんなさい、コーヒーを飲むわ。」

ケンタ：最初僕が「コーヒーと紅茶どっちを飲む？」と聞いたのに、マイ
　　　　ヤは「ええ、もちろん」とだけ答えました。僕の言ってることが
　　　　通じなかったのかなと思ってもう一度聞くと、気がついたような
　　　　感じで謝られたのですが、これってどういうことなんでしょうか？

ハンナ：確かに、どっちを飲むか聞いてるのに、おかしい答えだけど・・・

56

　　　　ケンタさん、この会話は正確にメモできているかしら？
ケンタ：かなり自信があります。後でモヤモヤしたのもあり、よく覚えていますから。マイヤはボーっとしていたんでしょうか？そんな風には見えなかったんだけどな・・・ハンナさん、この謎が解けますか？

ハンナ：トタ、トタ・・・わかったわ！
　　　　謎を解くカギは「"**または**"**の違い**」よ！

ケンタ：はい・・・？どういうことですか？
ハンナ：ケンタさん、あなたのメモをよく見て。あなたは最初 **"Juotko kahvia tai teetä?"** と言ったんでしょう？この **"tai"**（タイ）がすれ違いの始まりだったのよ。
ケンタ：え？でも、**"tai"** というのは英語の **"or"** と同じ意味、つまり「または」っていう意味でしょう？

ハンナ：そう、だからこそケンタさんは英語の **"or"** と同じように **"tai"** を使ったのよね。英語なら **"A or B ?"** みたいに、どちらかを選ばせる二者択一の質問も **"or"** を使って言えるから。でも、フィンランド語には２種類の「または」があるの。

ケンタ：２種類？！

ハンナ：メモの最初のように **"Juotko kahvia tai teetä?"** と言うと、「コーヒーや紅茶を飲む？」という意味で、二者択一の質問としては普通使わないの。「コーヒーと紅茶どっちを飲む？」って聞きたいなら **"Juotko kahvia vai teetä?"** と言うわ。**"vai"**（ヴァイ）は二者択一の質問に使うのが普通よ。

ケンタ：ええと、じゃあメモを読み返すと・・・そうか！マイヤは僕が「コーヒーか紅茶でも飲む？」と聞いただけだと思って「ええ、もちろん」としか答えなかったんだ！

ハンナ：そう！そして、ケンタさんが質問を繰り返したので、その様子から **"tai"** と **"vai"** を混同していると気づいたのね。

ケンタ：うーん、それにしても「ごめんなさい、コーヒーを飲むわ」って謝ることはないのに。その場で間違いを指摘してくれたら、後で悩む必要もなかったんだけど。

ハンナ：何言ってるの。そう答えたのは彼女の優しさよ。私だったらすかさず指摘するけどね。でも、そんなんじゃ甘いムードが壊れてしまうと思わない？

ケンタ：へ？あ、えーと、それは、どう・・・かなぁ。と、とにかく、謎が解けて気分が晴れました！ハンナさん、ありがとうございました！

　謎は解決！　次はどんな依頼が舞い込んでくるかしら？

（2020 年 4 月 15 日初出）

58

Case 13：
『可能な理由は
　　　　人それぞれ』
〜 osata と voida 〜

　Päivää（パイヴァー）！こんにちは！

　6月といえば日本は梅雨でうっとうしい季節だけど、フィンランドではベストシーズン。気温もそんなに高くないし、何よりカラッとした晴天が続いて最高！一大イベントの夏至祭も行われるわ。フィンランド語で6月は **kesäkuu**（ケサクー）って言うんだけど、直訳すると「夏の月」という意味。ぴったりな名前よね。

　さて、今日もフィンランド語の謎を解明しなくちゃ。ハンナならどんな難題も解決できるんだから！

　今回の依頼人は、フィンランド留学を希望するユミコさん。3回目の登場よ。

ハンナ：こんにちは、ユミコさん。お久しぶりね！元気だった？
ユミコ：はい、本当にお久しぶりです。それであの、実は秋からフィンランド留学が決まったんです！
ハンナ：まあ、良かったわね！ヘルシンキへ行くの？
ユミコ：ええ、アールト大学[*1]へ行きます。1年間、北欧デザインを本場で学べるなんて夢のようです。
ハンナ：おめでとう。留学でたくさんのことを学んできてね。それで、今

59

日はどういうご依頼かしら？

ユミコ：フィンランド語を勉強し始めて 1 年以上経ちましたが、まだわからないことだらけで。この前、自分でリスニング問題を解いていて、**Osaan uida.**（オサーン　ウイダ）という文が出てきました。これって「私は泳げる」という意味ですよね？

ハンナ：そうよ。**osaan**（オサーン）が「私はできる」という意味の動詞、原形は **osata**（オサタ）ね。

ユミコ：はい。そこで疑問がわきました。参考書には「できる」という意味の動詞として **voida**（ヴォイダ）も書かれています。**osata** より **voida** が先に出てきたので、「できる」という可能の意味を表す動詞は **voida** しかないかと思っていたんですが・・・。

ハンナ：**osata** も「できる」という意味だと知って不思議に思ったのね？

ユミコ：そうなんです！**Osaan uida.**（オサーン　ウイダ）も「私は泳げる」、**Voin uida.**（ヴォイン　ウイダ）も「私は泳げる」。2 つの動詞、**osata** と **voida** の違いを調べてみましたが、うまく探せなくて。どうして同じ「できる」なのに 2 つの動詞があるのか。ハンナさん、この謎が解けますか？

ハンナ：トタ、トタ・・・わかったわ！
　　　　謎を解くカギは**「可能な理由」**よ！

ユミコ：理由？どういうことでしょうか？

ハンナ：ユミコさん、確かに **osata** も **voida** も訳せば「できる」という意味なんだけど、**osata** は「できる能力がある」、**voida** は「できる状況である」という意味が根底にあるの。さっきユミコさんが言ってくれた文とその詳しい訳を書いてみると・・・。

60

> (1) **Osaan uida.**（オサーン　ウイダ）「私は泳ぐ能力がある」
>
> (2) **Voin uida.**（ヴォイン　ウイダ）
>   「私は（水着を用意しているなど）泳げる状況にある」

ユミコ：そうか、なるほど！「泳げる」と言っても、能力によって可能か、状況によって可能か、理由が違うってことか！

ハンナ：その通り！専門用語でも「能力可能」と「状況可能」って言うのよ。日本語は (1) と (2) みたいにできる理由が違っても「泳げる」って言えてしまうけど、フィンランド語では動詞の使い分けが生じるということ。

ユミコ：へー、答えを知れば納得できるけど・・・とっさに「可能な理由」で動詞を使い分けるのって難しいですね。

ハンナ：学習者にとってはそうよね。でも、現地で毎日フィンランド語を
　　　　話したり聞いたりしているうちに、絶対にスラスラ言えるように
　　　　なるわよ！
ユミコ：そうだといいな。大学の授業は英語が多いですけど、生活の中で
　　　　フィンランド語の能力を高めていきたいです。
ハンナ：帰ってきたら私がびっくりするぐらい上達しているように、頑
　　　　張ってきてね！
ユミコ：はい！ハンナさん、ありがとうございました！

　　謎は解決！次はどんな依頼が舞い込んでくるかしら？

（2020年5月30日初出）

*1　アールト大学：ヘルシンキ工科大学、ヘルシンキ経済大学、
　　　ヘルシンキ美術大学が合併し、2010年に開学した大学。

Case 14：
『第三の数字』
〜基数でも序数でもない〜

　Päivää（パイヴァー）！こんにちは！
　フィンランド人の大半は夏休みを満喫しているわ。郊外の **kesämökki**（ケサモッキ）と呼ばれるサマーコテージで、のんびり日光浴をしたり、サウナと湖を往復したり。ただ、自然が豊かなところには蚊がたくさんいるの。日本の蚊より大きいから、刺されると結構痛くて。しかも、日本の虫よけスプレーを使っても全く効果がないの！
　さて、今日もフィンランド語の謎を解明しなくちゃ。ハンナならどんな難題も解決できるんだから！

　今回の依頼人は、お隣のフィンランド人女性とすっかり仲良くなった、主婦のミチヨさんよ。

ハンナ：こんにちは、ミチヨさん。お久しぶりですね。
ミチヨ：ええ、ご無沙汰しています。今もちょっとずつフィンランド語の
　　　　勉強をしていますよ。お隣のパイヴィさんは漢字の勉強をしてい
　　　　らっしゃるので、私もお手伝いしたり。
ハンナ：お互いに語学を頑張っていらっしゃるんですね。それで、今日は
　　　　どういうご依頼ですか？
ミチヨ：ええと、パイヴィさんの弟さんで、ヘルシンキ在住のマッティさ

んが、先日遊びに来たんです。その日は私もお家に招かれていま
してね。お料理の準備が一段落したところで、パイヴィさんに電
話がかかってきました。

ハンナ：マッティさんからですか？

ミチヨ：はい。「空港から最寄り駅まで来た」という連絡でした。何度か
日本に来たことがあるそうで、電車の乗り換えも一人でスムーズ
にできたようで。

　　　　最寄り駅から私たちの住む地区までは、バスで10分ほどの距
離です。私たちはバスに乗ってマッティさんを迎えに行く予定で
した。でも彼は「バスの番号を教えてくれれば一人で来られる」
と言ったようで、パイヴィさんは最寄りのバス停までの行き方を
説明し始めたんです。彼女はリビングのソファに座り、携帯電話
で話していました。私は、少しでも聞き取れるフィンランド語は
ないかと、隣で耳を傾けていたんです。そして間もなく、ある謎
にぶつかりました。

ハンナ：謎、とは？

ミチヨ：駅から4番のバスに乗れば、自宅前のバス停に着きます。だから、
少なくとも **neljä**（ネリヤ）、つまり「4」という数字は出てくる
だろうと思って聞いていました。ところが、いつまで経っても
neljä という単語は聞こえてこなかったのです。そのうち電話が
終わり、パイヴィさんは日本語で「バスの番号を教えましたから、
マッティは来られます」と言ったのです。ということは、数字を
伝えたはず。でも彼女は、**neljä** とは言っていないのです。数字
を伝えていないのに相手に伝わるなんてことありませんよね？
ハンナさん、この謎が解けますか？

ハンナ：トタ、トタ・・・わかったわ！
　　　　謎を解くカギは「**第三の数字**」よ！

ミチヨ：第三の数字？あの、バスは4番ですけど？
ハンナ：ミチヨさん、「1、2、3・・・」と数える時の数字の他に、数の表し方をご存知ですか？
ミチヨ：ええと、はい、「1番目、2番目、3番目・・・」という数え方、序数と言うんだったかしら？「日付などに使われる」と、参考書に書いてありました。
ハンナ：そう、序数もありますね。
ミチヨ：でも・・・序数にしても「4番目」は **neljäs**（ネリヤス）と言うんですよね？普通の数字、**neljä** と似ているから聞き取れても良さそうなものだけど、それも聞こえませんでしたよ。
ハンナ：実は、フィンランド語には他にも数え方があるんです。バスやトラム[*1]などの番号を「1番、2番、3番・・・」と数えるのに使う「第三の数字」です！

ミチヨ：えっ、番号を言うための数字が別にあるんですか？！

ハンナ：その通り。「1、2、3…」と数える時の数字を基数と言いますが、それと「第三の数字」を1から10まで比べてみましょうか。

数字	基数	第三の数字
1	yksi（ユクシ）	ykkönen（ユッコネン）
2	kaksi（カクシ）	kakkonen（カッコネン）
3	kolme（コルメ）	kolmonen（コルモネン）
4	neljä（ネリヤ）	nelonen（ネロネン）
5	viisi（ヴィーシ）	viitonen（ヴィートネン）
6	kuusi（クーシ）	kuutonen（クートネン）
7	seitsemän（セイツェマン）	seiska（セイスカ）
8	kahdeksan（カハデクサン）	kahdeksikko（カハデクシッコ）
9	yhdeksän（ユフデクサン）	yhdeksikkö（ユフデクシッコ）
10	kymmenen（キュンメネン）	kymppi（キュンッピ）

ミチヨ：基数に似たものもあれば、ずいぶん違っているものもありますね。「4」は neljä（ネリヤ）で「4番」は nelonen（ネロネン）、こうして見れば似ていると思えますけど、知らなければ聞き逃してしまうかも知れないわ。

ハンナ：そう、そこなんです。おそらく、パイヴィさんは nelonen という単語を使ったのでしょう。それも、もし文の中で使ったとしたら、形が変わることがあります。例えば「4番（バス）に乗りなさい」は Nouse neloseen.（ノウセ　ネロセーン）と言います。nelonen（ネロネン）が neloseen（ネロセーン）に変化してしまい、バスという単語も出てこないので、聞き取りは難しかったと思

いますよ。

ミチヨ：なるほど、そうだったのね。基数と序数以外に数字があるなんて
　　　　思いもしませんでした。

ハンナ：基数を使って番号を言う方法もありますが、ネイティブは「第三
　　　　の数字」を使うことが結構あるんです。

ミチヨ：フィンランド語って奥が深いんだと、改めて感じますね。ああ、
　　　　これですっきりしたわ。ハンナさん、ありがとうございました！

　　謎は解決！　　次はどんな依頼が舞い込んでくるかしら？

（2020 年 7 月 4 日初出）

　　　*1　トラム：ここではフィンランドの首都ヘルシンキを走る路面
　　　　　電車のこと。フィンランド語では **raitiovaunu**（ライティオ
　　　　　ヴァウヌ）または **ratikka**（ラティッカ）と言う。

Case 15：
『でもはでもでも』
〜 vaikka の意味〜

Päivää（パイヴァー）！こんにちは！

　日本に住んでいると、時々フィンランドの食べ物が恋しくなるわ。例えばコーヒーのお供、シナモンロール。フィンランド語でシナモンロールは **korvapuusti**（コルヴァプースティ）と言って、これは「耳への平手打ち」という意味なの。耳を押しつぶしたような形を例えているんだけど、何だか物騒な名前よね。

　さてと、今日もフィンランド語の謎を解明しなくちゃ。ハンナならどんな難題も解決できるんだから！

　今回の依頼人は、Case 9 に登場した大学院生のカナさんよ。

ハンナ：こんにちは、元気にしてた？
カナ：はい、お久しぶりですね。今年度は修士論文を提出する年なんです。北欧の幼児教育をテーマにして、大体まとまってはきました。できれば博士課程に進んで研究を続けたいと思っています。
ハンナ：そう、頑張ってね！調査でフィンランドに行くことはあるの？
カナ：はい、実は先週まで、2週間滞在していました。大学の図書館で資料を集めつつ、現地の友人とも会ったりして楽しかったですね。ただ、友人との会話の中でどうも腑に落ちないことがあり、また

ここに来ました。

ハンナ：なるほど、どんなご依頼かしら？

カナ：ラウラという友人と大学で会って話をしていた時のことです。「これからコーヒーを飲みに行こう」みたいなことを言われたんですけど、その時の言葉が引っかかって。

　　　ラウラは **Mennäänkö kahville, vaikka Café Esplanadiin?**（メンナーンコ　カハヴィッレ　ヴァイッカ　カフェ　エスプラナディーン）と言いました。**Mennäänkö kahville?**（メンナーンコ　カハヴィッレ）は「コーヒーを飲みに行かない？」という意味ですよね[*1]。

ハンナ：その通りよ。

カナ：私が気になったのは、その後の **vaikka Café Esplanadiin**（ヴァイッカ　カフェ　エスプラナディーン）です。**vaikka** って「～だけれども」という意味ですよね？文法書でこんな文を見たことがあります。

Lähdetään, vaikka sataa lunta.
（ラハデターン　ヴァイッカ　サター　ルンタ）
「雪が降っているけれども出かけよう。」

ハンナ：確かにそうね。

カナ：ラウラが言った言葉を訳すと、「コーヒーを飲みに行かない？カフェ・エスプラナード[*2]だけど。」となります。ご存知のように、カフェ・エスプラナードは超有名店です。それなのに「カフェ・エスプラナードだけど」と、謙遜するようなことを言うから変だなあと思ったんです。細かい質問をするのも何だか悪い気がして、ラウラには言えずじまいでした。まさか、フィンランドにも日本と同じような謙遜の文化があるとか？！ハンナさん、この謎が解けますか？

ハンナ：トタ、トタ・・・わかったわ！
　　　　謎を解くカギは**「vaikka のもう一つの意味」**よ！

カナ：もう一つの意味？「〜だけれども」とは違う意味があるんですか？
ハンナ：文法書では、**vaikka** は「〜だけれども」という意味をメインに説明する傾向があるみたいだけど、実はもう一つ、「例えば」という意味があるの。
カナ：えーっ、そうなんですか！ということは・・・
ハンナ：もうわかったわよね？ラウラさんが言った **Mennäänkö kahville, vaikka Café Esplanadiin?** を直訳すると「コーヒーを飲みに行かない？例えばカフェ・エスプラナードに。」となるわね。
カナ：なーんだ、そうかあ。それにしても、**vaikka** は「〜だけれども」と「例えば」という全く違った意味を持つ言葉なんですね。ちょっと覚えにくい。

70

ハンナ：そうでもないわよ。ラウラさんの言葉をもう少し自然な日本語
　　　　にすると「カフェ・エスプラナードにでもコーヒーを飲みに行か
　　　　ない？」、つまり vaikka は「でも」という意味。「〜だけれども」
　　　　という言葉も「でも」とほぼ同じ意味でしょ？さっきカナさん
　　　　が言ってくれた例文の訳「雪が降っているけれども出かけよう。」
　　　　は「雪が降っている、でも出かけよう。」と言えなくはないから、
　　　　vaikka ＝「でも」と覚えるといいわ。

カナ：なるほど！「でも」は「でも」でも違う意味・・・何だか「でも」
　　　ばっかり。

ハンナ：ところでカナさん、カフェ・エスプラナードでシナモンロールを
　　　　食べた？

カナ：はい！とっても美味しかったです。大きいからお腹いっぱいになっ
　　　ちゃいました。

ハンナ：あそこのシナモンロールは私も大好き。ああ、また食べたくなっ
　　　　ちゃった。

カナ：私もサルミアッキが恋しいなあ。あ、冗談ですよ、あれだけはちょっ
　　　と無理です・・・。とにかくハンナさん、ありがとうございました！

　謎は解決！　次はどんな依頼が舞い込んでくるかしら？

（2020 年 8 月 10 日初出）

　*1　**Mennäänkö kahville?** は「お茶しに行かない？」のように、
　　　飲み物をコーヒーに限定しない意味としても使われます。
　*2　カフェ・エスプラナード：ヘルシンキの目抜き通り、エス
　　　プラナード通りにあるやや高級なカフェ。

71

コラム3

奇妙なイベント

フィンランドには、「なぜこんなことを？」と首をかしげたくなるようなイベントが色々あります。ぜひ皆さんに知ってもらいたいイベントをご紹介します。

まずは『エアギター世界選手権』。何も持たない状態で、ギターを持っているかのようなパフォーマンスをして、その芸術性を競う大会です。日本人が何度か優勝しているので、ご存知の人もいるのではないでしょうか。

そして『携帯電話投げ世界選手権』。文字通り、携帯電話を放り投げてその飛距離を競う大会です。携帯電話のリサイクル促進を目的に始まった大会のようです。ちなみに優勝者には新しい携帯電話が贈られます。

それから、最近できた大会として『ヘヴィメタル編み物世界選手権』があります。フィンランドで人気の音楽ジャンル「ヘヴィメタル」を演奏しながら、これもフィンランドの趣味として人気の「編み物」をするという、ある意味フィンランド文化を詰め込んだ大会。演奏技術と編み物の出来具合、そしてパフォーマンスの独創性が基準となるようです。こちらも第1回大会の優勝は日本人でした。

こんなヘンテコなイベントを世界大会にしてしまうフィンランド、何だか親しみが持てませんか？ただ、過去には苦い経験もあります。超高温のサウナにどれだけ耐えられるかという『サウナ世界選手権』が2010年まで開催されていたものの、死亡事故が起こり、以降は取り止めになりました。摂氏110度のサウナだったそうです。何をするにしても、"度が過ぎる"のは良くありませんね。

Case 16：
『バースデーソングの謎』

〜 vaan の意味〜

　Päivää（パイヴァー）！こんにちは！
　９月といえば秋の始まりよね。フィンランド語で９月は **syyskuu**（スュースクー）と言って、「秋の月」という意味なの。この時期は一気に気温が下がってくるから、旅行する場合は日本にいる時より１枚多く着る、という感覚を持つといいわ。
　さて、今日もフィンランド語の謎を解明しなくちゃ。ハンナならどんな難題も解決できるんだから！

　今回の依頼人は、Case 11 に登場した、出版社勤めでフィンランド人の友人を持つサヤカさんよ。

ハンナ：こんにちは、お久しぶりね。
サヤカ：こんにちは！最近は仕事が忙しいんですけど、やっぱりフィンランドが恋しくて、思い切ってこの前行ってきちゃいました。友人のアンナが誕生日だったので、お祝いもかねて。
ハンナ：そう！アンナさんも喜んだでしょうね。
サヤカ：ええ、普段ビデオチャットをしていますが、実際に会うのは５年ぶりくらいなので、お互いテンション上がっちゃいました。
ハンナ：いい思い出を作れて良かったわね。それで、今日はどんなご依頼

かしら？

サヤカ：アンナをお祝いするために、ホームパーティーに参加した時のことです。おなじみのバースデーソング、**"Happy Birthday To You"** をフィンランド語で歌おうということになりました。私はそれまでフィンランド語バージョンを知らなかったので戸惑っていたら、「簡単な歌詞だから大丈夫よ」とアンナが教えてくれました。確かに1つの文を繰り返すだけで、すぐに覚えられたんですが、その歌詞がとても不可解で・・・。

ハンナ：不可解？ **"Paljon onnea vaan."**（パルヨン　オンネア　ヴァーン）のことよね？

サヤカ：そう、それです！ **Paljon onnea.**（パルヨン　オンネア）は「おめでとう」という意味だと知っています。私が気になったのは最後の **vaan**（ヴァーン）です。

　　　　文法書には『**vaan** は「A ではなく B」という表現で使われる』と書いてあります。例えば **En ole kiinalainen vaan japanilainen.**（エン　オレ　キーナライネン　ヴァーン　ヤパニライネン）「私は中国人ではなく日本人です」というように。そうですよね？

ハンナ：ええ、合ってるわ。

サヤカ：だとしたら、**Paljon onnea vaan.** っておかしくないですか？「おめでとう、ではなく」？「おめでとう、だけれども」？？どんな日本語をあてても不可解です。バースデーソングになぜ **vaan** なんて否定的な意味を持つ単語が使われるのか、疑問に思いました。でもアンナはすぐに彼と話を始めちゃったから邪魔するわけにもいかず、私もほどなくして酔いが回り、聞くのを忘れちゃいま

74

した。そんなわけでこちらに伺いました。ハンナさん、この謎が解けますか？

ハンナ：トタ、トタ・・・わかったわ！
　　　　謎を解くカギは**「話し言葉の vaan」**よ！

サヤカ：話し言葉？どういうことでしょうか？
ハンナ：サヤカさんの言う通り、vaan は「〜ではなく」の意味で使われることが多いわ。でも、話し言葉、つまり会話の中では別の意味を持つことがあるの。
サヤカ：へえ。話し言葉の vaan はどういう意味なんですか？
ハンナ：簡単に言うと、話し言葉の vaan には何かを命令したり誘ったりする時に微妙なニュアンスを加える働きがあるの。

例えば、友達を家に招いてたくさんの料理を出したとしましょう。好きなだけ食べてほしいわよね。その時、**Ota vapaasti.**（オタ　ヴァパースティ）「自由に取って」と言うのと、**Ota vaan vapaasti.**（オタ　ヴァーン　ヴァパースティ）と言うのとはちょっと違うの。**vaan** なしだと「自由に取って」、**vaan** をつけると「自由に取ってね」ぐらいの違いかしら。

サヤカ：なーるほど、話している人の気持ちが乗るってことでしょうか。じゃあ、バースデーソングの **Paljon onnea vaan.** の **vaan** も同じ働きがあるんですか？

ハンナ：それもあるけど、バースデーソングは普通の会話とちょっと事情が違うと思うわ。バースデーソングで **Paljon onnea vaan.** と言っているのは、歌のメロディーに合わせて **vaan** を付け足したというのが主な理由じゃないかしら。日本語でも「おめでとう」と「おめでとうね」は、ほとんど意味が変わらないでしょう？

サヤカ：そうか！微妙なニュアンスを伝える単語だけど、歌詞をメロディーに合わせるという使い方もあるんですね。俳句で五・七・五にそろえるのと似てるかも。

ハンナ：そうね。**vaan** は会話の中でけっこう大事な要素なんだけど、ネイティブでもうまく説明できない人が多いわ。

サヤカ：そうなんですね！話し言葉の **vaan** がネイティブのようにすっと出てきたら進歩したってことになるのかな？また勉強頑張ります。ハンナさん、ありがとうございました！

　謎は解決！　次はどんな依頼が舞い込んでくるかしら？

（2020 年 9 月 28 日初出）

Case 17：
『東西南北プラス4』

~方位を表す語~

Päivää（パイヴァー）！こんにちは！

10月のイベントとして日本でもすっかり定着したのがハロウィン。フィンランドでも仮装をしたり、子供たちがお菓子をもらったりしているんだけど、そこまで盛大に祝われるわけではないわ。日本では繁華街に集まってワイワイ騒ぐのが恒例になってるけど、そういうこともしないの。ハロウィンより春のイースターの方が盛り上がるかしら。

さて、今日もフィンランド語の謎を解明しなくちゃ。ハンナならどんな難題も解決できるんだから！

今回の依頼人は、ミリタリー好きな高校2年生のマサト君よ。

ハンナ：はじめまして、こんにちは。えーと、マサト君ね？
マサト：はい、はじめまして！探偵さんは日本語とフィンランド語のバイリンガルなんですよね？羨ましいです。
ハンナ：ハンナと呼んでいいわよ。マサト君はどうしてフィンランド語を勉強しているの？
マサト：僕、実はミリタリーオタクってやつで、世界の色々な兵器や軍隊のシステムなんかに興味があるんです。最近は特に、フィンランドの軍や戦争の歴史を勉強していて、大学ではその研究をしたい

77

と思っているくらいで。それでフィンランド語も始めました。

ハンナ：へーえ。軍や戦争については、私よりずっと詳しそうね。それで、
今日はどんなご依頼かしら？

マサト：今年の夏休みに、ヘルシンキ大学のサマースクール[*1] に参加で
きるチャンスがあって、2週間だけフィンランド語を勉強してき
ました。初日、空港から宿に向かおうとタクシーに乗った時に、
不思議なことがあったんです。

　　　僕が向かおうとしていたのは安いユースホステルで、タク
シーの運転手さんはその場所をよく知らないようでした。僕は
「ここから北東の方角にある」と伝えようとしました。「北」が
pohjoinen（ポホヨイネン）、「東」が **itä**（イタ）だとは知っていた
ので、それをくっつければいいかなって思って、「北東」という
意味で **pohjoinen-itä**（ポホヨイネン イタ）と言ったんです。そう
したら、運転手さんは混乱した様子で「北？東？どっちなんだ？」
と英語で尋ねてきました。地図を見せると場所がわかったようで、
無事に目的の宿にはたどり着けたんですけど、**pohjoinen-itä** では
通じなかったんですよね。英語では **North-East** と言ったら通じ
るのに。こんな些細なことですが、僕にはどうもわからなくて。
ハンナさん、この謎を解いていただけますか？

ハンナ：トタ、トタ・・・わかったわ！
謎を解くカギは **「8方位の言い方」** よ！

マサト：8方位？東西南北と、あと4つ？

ハンナ：マサト君、東西南北を表す単語は知ってるのよね？

マサト：はい、「北」が **pohjoinen**（ポホヨイネン）、「東」が **itä**（イタ）、「南」

78

がetelä（エテラ）、「西」がlänsi（ランシ）、ですよね？
ハンナ：正解よ。8方位というのは、そこに「北東」、「南東」、「南西」、「北西」を加えたもの。マサト君が言ったように、英語では「北」のNorthと「東」のEastをつなげてNorth-Eastと言えば「北東」を表現できるわ。でもね、フィンランド語は8方位の単語が全て違うの。
マサト：ええ？！「北」や「東」と「北東」は全然違う単語ってことですか？
ハンナ：そうなの。マサト君、このリストを見て。

> 北＝ **pohjoinen**（ポホヨイネン）
> 北東＝ **koillinen**（コイッリネン）
> 東＝ **itä**（イタ）
> 南東＝ **kaakko**（カーッコ）
> 南＝ **etelä**（エテラ）
> 南西＝ **lounas**（ロウナス）
> 西＝ **länsi**（ランシ）
> 北西＝ **luode**（ルオデ）

マサト：ほんとだ！4方位の間にある方位は、全然関係ない単語に見えますね。
ハンナ：こういう言語は世界的にも珍しいと思うんだけど、フィンランド語は8方位全て、それぞれ覚えないといけないのよね。
マサト：日本語と英語を基準に考えていたから、とっても不思議に見え

79

ますけど、フィンランド人にとってはこれが常識なんですね。
8方位の単語を見るだけで、自分の視野が広がったような気が
します。難しいけどフィンランド語の勉強をもっとしていこう
と思いました。ハンナさん、ありがとうございました！

謎は解決！　次はどんな依頼が舞い込んでくるかしら？

(2020年11月3日初出)

*1　サマースクール：通常6月～8月に大学で開かれる語学講座。
　　フィンランド語では kesäyliopisto （ケサユリオピスト）。

Case 18：
『比べてみると』

~形容詞の比較級と最上級~

　Päivää（パイヴァー）！こんにちは！
　クリスマスの前に、アドベントカレンダー[*1]を買って楽しむ人もいるんじゃないかしら。フィンランドにももちろんあるわ。毎日、1つずつ窓を開けてお菓子や小さいお人形を取り出すのって、大人でもワクワクするわよね。1日1つなんて待ちきれない！って気持ちにもなったり。今年はお友達からムーミンのアドベントカレンダーをいただいて、とっても嬉しかったわ！
　さて、今日もフィンランド語の謎を解明しなくちゃ。ハンナならどんな難題も解決できるんだから！

　今回の依頼人は、会社員のケンタさん。あら？何やら様子がおかしいわね・・・。

ケンタ：こんにちは、お久しぶりです・・・。
ハンナ：こんにちは！今日はどういうご依頼かしら？何だか元気がなさそうだけど、どうかしたの？
ケンタ：ええ・・・先日ここで話した、友人のマイヤ、覚えてますか？実は、あの後しばらくして僕たちは付き合うことになりました。彼女は日本に住みたがっているので、いずれは結婚できたらなぁと

81

か、思っていて・・・。

ハンナ：ええ〜、そうだったの！！良かったじゃない！

ケンタ：はい、そうなんですけど、最近ちょっとしたことでケンカしちゃっ
　　　　て・・・フィンランド語の言い回しの問題かと思うので、今日は
　　　　そのことを相談するために伺いました。

ハンナ：だから元気がないのね。どういうこと？

ケンタ：フィンランドにいるマイヤとビデオチャットをしていた時のこ
　　　　とです。僕たちの共通の友人の話をしていて、僕は何も考えずに、
　　　　その友人のことを美人だと言いました。そうしたら、マイヤは「私
　　　　よりも？」と少し機嫌を悪くしてしまったんです。

　　　　　僕はフォローしようと、覚えたてのフィンランド語で「僕は今、
　　　　一番美しい女性としゃべっているよ」と言いました。するとマイ
　　　　ヤは「比べられても嬉しくないわ！」と怒って早々にチャットを
　　　　終わらせてしまいました。それから今日まで数日間、彼女から連
　　　　絡がないんです。がんばってキザなことを言ってみたのに、マイ
　　　　ヤはなぜ怒ってしまったのか、何だか腑に落ちなくて。

ハンナ：なるほど。ねえ、ケンタさんが言ったキザなセリフをここに書い
　　　　てみてくれない？

ケンタ：はい・・・これです。

Nyt	**juttelen**	**kauniimman**	**naisen**	**kanssa.**
（ニュット	ユッテレン	カウニーンマン	ナイセン	カンッサ）
今	私はしゃべる	最も美しい（？）	女性と	一緒に
「僕は今、一番美しい女性としゃべっているよ」（？）				

ケンタ：最近、比較級と最上級の勉強をしているので、使ってみようと
　　　　思って。「美しい」という意味の形容詞 kaunis（カウニス）の

最上級、「一番美しい」は kauniimman（カウニーンマン）じゃないんでしょうか？ハンナさん、この謎が解けますか？

ハンナ：トタ、トタ・・・わかったわ！
　　　　謎を解くカギは**「比較級と最上級の微妙な違い」**よ！

ケンタ：え？どういうことですか？
ハンナ：ケンタさん、あなたは kauniimman（カウニーンマン）と言ったのよね？これは kaunis「美しい」の比較級、つまり「より美しい」という意味よ。最上級の「一番美しい」は kauneimman（カウネインマン）なのよ[*2]。
ケンタ：えっ、あ、ああ〜！スペルが微妙に違う！
ハンナ：そう。比較級と最上級は、場合によってはとても似た形をしてい

るの。マイヤさんはケンタさんの言葉を「僕は今、（その友人より）美しい女性としゃべっているよ」と解釈して、「比べられても嬉しくない」と言ったんじゃないかしら。「○○より美しい」と「一番美しい」。ほんの少しの違いだけど、女心って複雑だからねー。

ケンタ：比較級と最上級がよく似ている、というのは何となく知っていたんですが、いざ使ってみると本当によく似ていますね。でも、これでマイヤが怒った理由がわかりました。ちゃんと説明すれば機嫌を直してくれるかな。

ハンナ：きっと大丈夫よ。今度からは気をつけてね。比較級と最上級のことだけじゃなくて、他の女の子を不用意にほめたりしないこと。

ケンタ：うーん、僕には色々な勉強が必要みたいですね・・・とにかく、これで仲直りできそうです！
　　　　ハンナさん、ありがとうございました！

　謎は解決！　次はどんな依頼が舞い込んでくるかしら？

(2020 年 12 月 23 日初出)

　　*1　クリスマスまでの 1 ヶ月間をカウントダウンするカレンダー。（編集部）
　　*2　形容詞は、修飾する名詞の役割によって形を変えます。この場合は単数属格形という形で現れています。

84

Case 19：
『求めるものは奪うもの』
～ kysyä が求める格～

　Päivää（パイヴァー）！こんにちは！
　フィンランドの冬は、雪が降るのはもちろん、日照時間も日本よりはるかに短いし、気温が氷点下という日も珍しくないの。ちなみにフィンランドでの歴代最低気温は1999年、ラップランドの**Kittilä**（キッティラ）で記録された-51.5℃よ。歴代最高気温は、南東地域の**Liperi**（リペリ）で2010年に記録された37.2℃。その差は88.7℃もあるの！
　さて、今日もフィンランド語の謎を解明しなくちゃ。ハンナならどんな難題も解決できるんだから！

　今回の依頼人は、主婦のミチヨさんよ。

ハンナ：こんにちは、お久しぶりです。お元気でしたか？
ミチヨ：ええ。フィンランド語を始めてもう2年近くになるかしら。お隣のパイヴィさんとフィンランド語で会話できることがだいぶ増えました。
ハンナ：それは楽しいですね。今日はどのようなご依頼ですか？
ミチヨ：先日、パイヴィさんとおしゃべりしていた時のことなんですけど、パイヴィさんが「コーヒーメーカーを買いたいけれど、近所のお店にあるかしら」と言ったんです。そのお店はキッチン用品を扱っ

85

ているけれど、少し規模が小さいところだから。幸い私はお店の電話番号を知っていたので、その時に電話してあげようとしたんです。「私が店員さんに聞いてみるわ」と言うつもりで、**Kysyn myyjälle.**（キュシュン　ミューヤッレ）とフィンランド語で言いました。

　するとパイヴィさんは、**Minä kysyn xxx.**（ミナ　キュシュン　**xxx**）のように言って、多分「私が聞いてみるわ」と答えたのでしょうけど、最後の単語、**myyjä**（ミューヤ）「店員」につく語尾が違ったように聞こえたんです。私が言った **myyjälle** の **-lle** は「〜に、へ」という意味があって、例えばプレゼントを「パイヴィに」あげるという意味で "**Päiville**"（パイヴィッレ）と言いますよね。それを応用したつもりだったのですが、なぜパイヴィさんは別の語尾を使ったのでしょう？それとも私の聞き間違いかしら？ハンナさん、この謎が解けますか？

ハンナ：トタ、トタ・・・わかったわ！
　　　　謎を解くカギは「**動詞 kysyä が求める語尾**」よ！

ミチヨ：え？求める語尾？
ハンナ：結論から言うと、パイヴィさんは **Minä kysyn myyjältä.**（ミナ　キュシュン　ミューヤルタ）と言ったのではないでしょうか？日本語だと「店員に質問する」と言うのが普通ですが、フィンランド語の動詞 **kysyä**（キュシュア）「質問する」は、**-lta / -ltä** という語尾を求めるんです。求めるというのは、「ある動詞と必ずセットで使われる語尾」という意味で言っています。**-lta /**

　　　　-Itä は「〜から」という意味で、先ほど言った文を直訳すると「私が店員から質問する」となります。ちょっとおかしいですが、これは日本語だから。フィンランド語ではこのように言うんです。

ミチヨ：あら、そうだったのね！確かに、日本語で考えると「店員から質問する」だなんて、逆の意味に捉えてしまいそう。
ハンナ：「答えを誰かから引き出す」と考えてはいかがでしょう？フィンランド語はそういう発想なんですよね。ちなみにこの **-Ita / -Itä** という語尾は文法用語で「奪格」と言います[*1]。「**kysyä** が求める語尾は奪格」、「求めるものは奪うもの」というわけです。
ミチヨ：ふふふ、何だか言葉遊びみたい。フィンランド語と日本語の発想の違いを見つけるのも面白いかも知れませんね。これからも楽しく勉強していきます。ハンナさん、ありがとうございました！

謎は解決！次はどんな依頼が舞い込んでくるかしら？

（2021 年 3 月 14 日初出）

　　*1　離格と呼ぶこともあります。

Case 20：
『前につくか、
　　後ろにつくか』
〜 ympäri の用法 〜

　　Päivää（パイヴァー）！こんにちは！
　フィンランド語で 4 月は **huhtikuu**（フフティクー）と言うの。**kuu** は「月」という意味で、**huhti** は **huhta**「焼畑」という語が由来よ。以前、フィンランドではこの時期に焼畑を行ない、土地を開墾して農業をする風習があったの。人々の生活に直結している月名は他にもあるのよ。
　さて、今日もフィンランド語の謎を解明しなくちゃ。ハンナならどんな難題も解決できるんだから！

　今回の依頼人は、初登場のチエミさん。フィンランドに住んでいたことがあるそうよ。

ハンナ：こんにちは、はじめまして。
チエミ：こんにちは、チエミと言います。私、夫の仕事の関係で、2 年ほどヘルシンキに住んでいたことがあるんです。
ハンナ：あら、そうですか！じゃあ、フィンランド語も話せるんですか？
チエミ：いいえ、向こうではほとんど英語を使っていたので、あまり・・・。でも、フィンランド語に興味はあって、帰国してからも家事やパートの合間を縫ってちょこちょこ勉強しています。子供がまだ小さいので、本当に少しの時間しか取れませんけど。
ハンナ：なるほど。でも、勉強を続けるのはいいことですね。さて、今日

はどのようなご依頼ですか？

チエミ：最近、簡単なフィンランド語で書かれたニュースを読めるサイト[*1]を知って、ちょっとずつ読むようにしているんです。そこに、**Pekka matkustaa ympäri Suomea.**（ペッカ　マトゥクスター　ユンパリ　スオメア）という文がありました。**Pekka** は男性名、**matkustaa** は「旅行する」、**Suomea** は「フィンランドを」、ここまでは合ってますよね？

ハンナ：はい、その通りです。

チエミ：ところが、3つ目の単語 **ympäri** の意味がどうもしっくりこないんです。辞書で調べると「〜の周り」という意味で、そのままこの文に当てはめると「ペッカはフィンランドの周りを旅行している」となります。ちょっと変ですよね？フィンランドの周りって、スウェーデンとかエストニアとかロシアとか？記事の文脈から考えても納得がいかなくて。ハンナさん、この謎が解けますか？

ハンナ：トタ、トタ・・・わかったわ！
謎を解くカギは「**前につく ympäri**」よ！

チエミ：前につく **ympäri**？どういう意味ですか？

ハンナ：チエミさん、**ympäri** は確かに「〜の周り」という意味もあります。例えば、こんな時に使います。

Koira	juoksee	talon	ympäri.
（コイラ	ユオクセー	タロン	ユンパリ）
犬	走る	家の	周り

「犬が家の周りを走っている。」

この文の場合、**talon ympäri** のように、**ympäri** は「家」という

89

名詞の後にくっついて「〜の周り」という意味を表します。日本語と単語の順番は同じですね。しかし、**ympäri** は名詞の前にくっつくこともあるんです。その例が、チエミさんの教えてくれた文です。

Pekka	matkustaa	ympäri	Suomea.
(ペッカ	マトゥクスター	ユンパリ	スオメア)
ペッカ	旅行する	?	フィンランドを

　この場合、**ympäri** は後ろの名詞 **Suomea** にくっついて「〜中」という意味を表すんです。つまり「フィンランド中を」という意味。文全体の意味は「ペッカはフィンランド中を旅行している。」という意味だったんですよ。

チエミ：あー、確かにそうすればしっくりくるけど、へえ〜、名詞の前に来るか後ろに来るかで意味が違うんですか！

90

ハンナ：こういう単語はそんなに多くありませんが、気づきにくいこと
　　　もありますね。例えば英語で、**around**「〜の周り」が名詞の前に
　　　来たり後ろに来たりして、意味も変わるってことはありえません
　　　よね。フィンランド語の特色がここにも現れていると私は思いま
　　　す。
チエミ：そうですね。英語と似たようなところもあるのに、フィンラン
　　　ド語ってヘンテコな言葉(笑)。でもそこが面白いのよね。ニュー
　　　スも根気よく読んでいくことにします。ハンナさん、ありがとう
　　　ございました！

　謎は解決！　次はどんな依頼が舞い込んでくるかしら？

（2021 年 5 月 2 日初出）

*1　フィンランドの国営放送 Yle が公開している **Selkouutiset**（セルコウー
　　ティセット）のこと（https://yle.fi/uutiset/osasto/selkouutiset/)。

コラム4

夜のない夜

　ことばのしくみは、使う人たちの文化や生活習慣が深く関わっていると考えられています。Case 17 にあった、8 方位を全て違う単語で言い分けるという必要がどこにあったのか、謎は深まるばかりですが、色々な想像をするだけでも楽しくなりますね。

　さて、フィンランドを含む緯度の高い地域には「白夜（びゃくや）」という現象があります。夏の夜に日が沈まない現象のことです。フィンランド南部ならば日が沈む時間帯もありますが、北部のラップランド地域では、朝から晩まで日の光が存在するという時期が少なくとも 1 ヶ月続きます。フィンランド語で白夜は yötön yö（ユオトン　ユオ）。直訳すると「夜のない夜」という意味です。確かにその通りですね。しかし、フィンランドでは当たり前の気象現象を 2 語でしか表せないのは不思議だと思いませんか？日本語でも 1 語で表せるのに。

　ここで、白夜に対立する現象、つまり冬に日が昇らない現象について考えます。冬に一日中真っ暗、という時期が 1 ヶ月以上続く地域が、フィンランドには存在します。この現象は日本語で「極夜（きょくや）」と言いますが、フィンランド語では kaamos（カーモス）。こちらは 1 語で表せます。白夜より極夜の方が、フィンランド人の生活においては重要だったと思われます。日照時間は農業などに影響しますからね。重要な現象ほど簡潔に表す、ということだったのかも知れません。余談ですが、冬は日光を浴びずビタミン D が不足してしまうので、フィンランドではサプリメントや牛乳でそれを補います。

92

Case 21：
『持っているのに』
〜mukana の用法〜

Päivää（パイヴァー）！こんにちは！
　これまで私が解決してきた事件（？）は、事務所に依頼人が訪ねてくる形だったんだけど、ついさっき、一通の手紙がポストに入っていたの。タケルさんという男性からなんだけど、フィンランドへ一人旅をしていた時に不可解なことがあって、その時の日記とともに依頼状が入っていたわ。まずは日記から読んでみようかしら。

2021 年 6 月 6 日（日）
　初めてのフィンランド旅行。俺は数年前からフィンランドの文化に興味を持ち、ついにこの地に足を踏み入れることができた。ちょっと大げさか。
　ヘルシンキの街並みは、ガイドブックやネットで見た写真の何十倍も素敵だ。**kauppahalli**（カウッパハッリ）というマーケットホールでシナモンロールとコーヒーをいただき、屋外の市場で売られて

93

いる野菜や果物を見て歩いているだけでも楽しい。こういう、穏やかな空気が自分には合っているのかも知れない。滞在中に、ザリガニやトナカイは食べておきたいな。コスケンコルヴァという強い酒にもチャレンジするか。

　そんなことを考えつつぶらぶらと散歩をしていると、硬い表情をした2人の男に呼び止められた。風貌を見るに、警官だ。そのうちの1人が俺に話しかけた。

　"Hei! Oletko turisti?"（ヘイ！　オレトゥコ　トゥリスティ？）

　俺はフィンランド語を話せないが、旅行に役立ちそうなフレーズはいくつか頭に叩き込んできた。今言ったのは多分「やあ！君は旅行者か？」という意味だろう。

　"Joo! Olen japanilainen."（ヨー！　オレン　ヤパニライネン）

　これも付け焼刃で覚えたフレーズ。「はい！僕は日本人です」と答えた。しかし、彼らは硬い表情を崩さなかった。外国人がニヤニヤしながらぶらついていたものだから、不審者に見えて声をかけたのかも知れない。すると、もう1人がこう言った。

　"Onko sinulla passi mukana?"（オンコ　シヌッラ　パッシ　ムカナ？）

　一瞬考えて思い出した。**Onko sinulla 〜?**（オンコ　シヌッラ〜？）は「あなたは〜を持っていますか？」という意味。**passi**（パッシ）は「パスポート」だ。最後はよく聞き取れなかったが、「パスポートを持っ

94

ているか?」と聞かれたのだろう。

　もちろん俺はパスポートを持ってフィンランドに入国した。しかし、今は滞在するホテルの近辺を散歩中。スーツケースなど、ほとんどの荷物は部屋に置いてある。パスポートはスーツケースの中に入れ、ケース自体に鍵をかけた。部屋に押し入られるより、外で盗られる確率の方が高いと思ったからだ。

　だが、パスポートを持って入国したことに変わりはないので、俺は**Joo.**(ヨー)「はい」と答えた。すると、警官たちは「パスポートを見せろ」というようなジェスチャーをした。そうか、説明が足りなかった。しかし、文をうまく組み立てられない俺は**Passi, hotelli.**(パッシ　ホテッリ)と言った。単語の羅列でも「パスポートはホテルにある」という意図は伝わるはずだ。

　ところが、2人の警官は硬い表情をますますこわばらせた。俺を怪しんでいる空気が嫌でも伝わってくる。そこからは何を言われているのか全く理解できず、うろたえてしまった。すると幸運にも、通りがかった現地在住の日本人の方が通訳してくれて、事なきを得た。

　しかし、俺にはどうもわからない。パスポートを持っているがホテルに置いてきている、という状況が、そんなにおかしいとも思えない。それとも、ホテルにあると言ったのが嘘だと思われてしまったのだろうか?謎は深まるばかりだ。

なるほど。トタ、トタ・・・あら、誰か来たわ。

ハンナ：はーい、どちら様ですか?
タケル：はじめまして、あの、タケルですがお手紙届きましたか?
ハンナ：あら、タケルさんなの!ちょうど今読んでいたところよ!

95

タケル：それは良かった。お手紙で依頼しようと思っていたんですけど、やっぱり気になって来ちゃいました、すみません。

ハンナ：そうなのね。わざわざ来てくれてありがとう。

タケル：いえいえ。ハンナさんにご相談してから、俺もちょっと調べてみたんですが、一人じゃどうにもならなくて・・・あれは一体どういうことだったんでしょうか？

ハンナ：私もタケルさんの日記を読んだばかりで考えがまだまとまっていないけど、一緒に謎解きをしましょうか。2人の警官の言葉をもう一度確認するわよ。

Hei! Oletko turisti?（ヘイ！　オレトゥコ　トゥリスティ？）

タケル：「やあ！君は旅行者か？」という意味ですよね？

ハンナ：その通り。ここは特に問題ないわよね。じゃあ次。

Onko sinulla passi mukana?（オンコ　シヌッラ　パッシ　ムカナ？）

ハンナ：タケルさん、あなたはこの最後がよく聞き取れなかったみたいだけど、多分こう言っていたのよね。

タケル：だと思います。mukana が何だかよくわからなかったので、後で辞書をひきました。そうしたら、「〜を伴って、〜と一緒に」とありました。

ハンナ：トタ、トタ・・・わかったわ！
謎を解くカギは、この mukana よ！

タケル：え？

ハンナ：タケルさんが手紙に書いていたように、**Onko sinulla ～？**（オン
コ　シヌッラ～？）は「あなたは～を持っていますか？」という
意味。**passi**（パッシ）は「パスポート」。つまり、**Onko sinulla
passi?** は「パスポートを持っているか？」という意味よ。

タケル：ですよね。じゃあなんで・・・

ハンナ：ところがね、その後に **mukana** をつけて **Onko sinulla passi
mukana?** とすると、「パスポートを今この場に持ってきている
か？」という意味になるのよ。

タケル：へえ！なるほど、**mukana** は「～を伴って、～と一緒に」だか
ら・・・あっ、そうしたら、もしかして・・・！

ハンナ：わかったようね。この質問に対してタケルさんは **Joo.**（ヨー）「は
い」と答えた。つまり、警官たちは「彼はパスポートを持ってこ
こにいる」と解釈したわけ。職質されたのはちょっと気分が良く
ないけど、「パスポートを見せろ」という流れになるのは当然よね。
それなのに、**Passi, hotelli.**（パッシ　ホテッリ）「パスポートは
ホテルにあります」と言われたら、怪しむんじゃないかしら？

タケル：そうか、俺は警官の最後の大事な言葉を聞き逃していたがため
に、疑われてしまったというわけなんですね。これで納得でき
ました！これからは気をつけます。ハンナさん、ありがとうご
ざいました！

謎は解決！次はどんな依頼が舞い込んでくるかしら？

（2021 年 6 月 11 日初出）

Case 22：
『行ったことが
　　ないわけなかった』
〜否定過去形〜

　Päivää（パイヴァー）！こんにちは！

　フィンランドには **Afrikan tähti**（アフリカン　タハティ＝「アフリカの星」）という名前のボードゲームがあるの。サイコロを振って出た目の数だけマスを進み、大きなダイヤモンド（**Afrikan tähti**）に見立てたパーツを探し当てた人が勝ち。日本の双六とルールがとても似ているわ。他にも色々なパーツがあって、ゲームを始める前にそれらをマスに並べておくの。そのマスに止まらないと何のパーツか確認できなくて、ゴールがいつも同じとは限らないから、単純だけど結構盛り上がるわよ！

　さて、今日もフィンランド語の謎を解明しなくちゃ。ハンナならどんな難題も解決できるんだから！

　今回の依頼人は、出版社勤めでフィンランド人の友人を持つサヤカさん。約１年ぶりの登場ね。今回の話はちょっと難しいかも。

ハンナ：こんにちは、久しぶりね！
サヤカ：本当にお久しぶりです！最近まで仕事がとっても忙しくて、フィンランド語の勉強はほとんどできませんでした。今は、忘れてしまったことを思い出す、リハビリのような感じです。
ハンナ：仕事で使わない限り、誰しもそういう時期があるわよね。ちょっ

とずつでも続けているのは素晴らしいわ。

サヤカ：ありがとうございます。それで、文法について新たな疑問が出たのでご相談に来ました。

ハンナ：なるほどね。今日はどんなご依頼かしら？

サヤカ：最近ネットで、フィンランドのドラマを見ているんです。内容はちょっとしか理解できませんが、まずは耳を慣らすために。そこに出てきたセリフの中に、おやっと思ったものがあったんです。ここに書いてきました。ある日の終わりに、一日の行動について夫婦がやり取りしているシーンです。

夫 ： **Ostitko maitoa?**（オスティトゥコ　マイトア）

「（君は）牛乳を買った？」

妻 ： **En,　　en　　käynyt　　　　　kaupassa.**

　　（エン　　エン　キャユニュットゥ　カウパッサ）

「いいえ、（私は）お店に行ったことがないの。」（？）

サヤカ：疑問に思ったのは、妻のセリフにある **en käynyt**（エン　キャユニュットゥ）です。**en** は「私は〜ない」という意味の否定動詞[*1] で、**käynyt** は動詞 **käydä**（キャユダ）「行ってくる」の過去分詞[*2] ですよね？

ハンナ：ええ、その通りよ。

サヤカ：つい最近、現在完了形を復習したばかりなんです。「〜してしまった」や「〜したことがある」という意味を表す現在完了形は、動詞 **olla**（オッラ）の変化形と過去分詞で表しますね。例えば「私はお店に行ったことがない」は **En ole käynyt kaupassa.**（エ

99

ン　オレ　キャユニュット　トゥ　カウパッサ）となりますよね。それなのに、ドラマに出てきた表現は **en käynyt**。動詞 **olla** が抜けているし、そもそも「お店に行ったことがない」なんて絶対おかしいし。セリフを聞き間違えたんでしょうか。ハンナさん、この謎が解けますか？

ハンナ：トタ、トタ・・・わかったわ！
　　　　謎を解くカギは**「否定過去形の作り方」**よ！

サヤカ：否定過去形？「〜なかった」ということですか？
ハンナ：そう！サヤカさん、確かに現在完了形は過去分詞を使って表すわ。でも、「〜なかった」という否定過去形にも過去分詞を使うの。ドラマで奥さんが言っていた **En, en käynyt kaupassa.** は、「いいえ、（私は）お店に行かなかったの。」という意味よ。
サヤカ：え？でもあの、確か「〜した」という肯定過去形は過去分詞なんて使いませんよね？
ハンナ：そう、否定過去形は肯定過去形と作り方が全く違うの。難しい話だから、表にまとめてみるわよ。

	肯　定	否　定
過去形	**Kävin kaupassa.** 「私はお店に行った」	**En käynyt kaupassa.** 「私はお店に行かなかった」
現在完了形	**Olen käynyt kaupassa.** 「私はお店に行ったことがある」	**En ole käynyt kaupassa.** 「私はお店に行ったことがない」

ハンナ：「私はお店に行った」という肯定過去形は **Kävin kaupassa.**（キャ
　　　　ヴィン　カウパッサ）よ。**kävin** に含まれる "i" が過去形の目印
　　　　なの。でも、否定過去形は過去分詞の **käynyt** を使うわ。こうし
　　　　て見ると、否定過去形と現在完了形がよく似てるわよね。

サヤカ：へえ〜・・・否定と肯定とで過去形の作り方が全く違う上に、別
　　　　の意味を持つ現在完了形と見た目が似ているなんて！習得する
　　　　まで長い道のりになりそうだわ。

ハンナ：語学は気長に勉強するのが一番大事かもね。フィンランド語だと
　　　　特に。

サヤカ：そうですね。またフィンランド語の面白さを発見したと、ポジティ
　　　　ブに捉えたいと思います。ハンナさん、ありがとうございました！

　謎は解決！　次はどんな依頼が舞い込んでくるかしら？

（2021 年 9 月 8 日初出）

*1　フィンランド語は否定文の場合、主語の人称・数によって否
　　定を表す語の形が異なります。主語が 1 人称単数なら **en**（エ
　　ン）ですが、2 人称単数の場合は **et**（エトゥ）、3 人称単数な
　　ら **ei**（エイ）…のように。

*2　正確には能動過去分詞と言います。受動過去分詞というのもあ
　　りますが、今回の内容とは関係がないので説明は割愛します。

Case 23：
『数え方で数が違う?!』

〜 billion と biljoona 〜

Päivää（パイヴァー）！こんにちは！
　もうすぐ父の日。こう言うと、日本の皆さんは「あれ？」と思うでしょうね。実は、フィンランドの父の日は11月の第2日曜日なの。スウェーデンなど、他の北欧の国でも同じ日が父の日になっているわ。ちなみに、フィンランド語で「父の日」は**Isänpäivä**（イサンパイヴァ）と言うのよ。
　さて、今日もフィンランド語の謎を解明しなくちゃ。ハンナならどんな難題も解決できるんだから！

　今回の依頼人は、北欧の教育を研究する大学院生のカナさん。
　約1年ぶりの登場よ。

ハンナ：こんにちは、久しぶりね。元気だった？
カナ：はい！ずいぶんご無沙汰してしまいましたね。昨年度、何とか修士論文を提出して、博士課程に入学できました。今はフィンランド語の勉強も続けながら、研究に明け暮れる日々です。発表の準備とか、結構大変で。
ハンナ：忙しいでしょうけど、充実しているようで良かったわ。それで、今日はどんなご依頼かしら？
カナ：研究のために、フィンランド語で書かれた論文を読むことが前よ

りさらに増えました。この前は教育にかかる費用についての論文を読んだんですけど、数字について引っかかったことがあって。

　大きな数字の表現は、英語から入ってきた外来語が使われていますよね。例えば「100万」の単位なら、英語の million とフィンランド語の miljoona（ミリヨーナ）は単語が似ています。ですが私が疑問に思ったのは、biljoona（ビリヨーナ）です。これは英語の billion「10億」の単位に当たるんじゃないでしょうか？でも、内容的にはもっと大きな数のような気がするんです。もしかして論文にミスがあるのかな、と思ったり・・・ハンナさん、この謎が解けますか？

ハンナ：トタ、トタ・・・わかったわ！
　　　　謎を解くカギは**「数え方の違い」**よ！

カナ：・・・数え方、ですか？

ハンナ：カナさん、あなたは英語がすごくできるのよね。そういう人がよく勘違いするのがこの biljoona なの。これはね、「1兆」という意味なのよ。だから論文のミスではないと思うわ。

カナ：え？！外来語なのに、全然違う数じゃないですか！

ハンナ：実は、数え方には「ショートスケール」と「ロングスケール」というものがあるの。これは命数法という、数字を命名する際のルールよ。

ちょっと難しいから細かい説明は置いといて、ショートスケールとロングスケールの数え方を比べてみるわね。

　ヨーロッパの英語圏ではショートスケールを採用していて、**billion** は 10 億、**trillion** は 1 兆なんだけど、英語以外の言語ではロングスケールを採用していることが多いの。フィンランド語もそうで、**biljoona** は 1 兆、**triljoona** は 100 京を意味するわ。

数　字	ショートスケール（英語）	ロングスケール（フィンランド語）
10^3（1000）	**thousand**	**tuhat**（トゥハトゥ）
10^6（100 万）	**million**	**miljoona**（ミリヨーナ）
10^9（10 億）	**billion**	**milijardi**（ミリヤルディ）
10^{12}（1 兆）	**trillion**	**biljoona**（ビリヨーナ）
10^{15}（1000 兆）	**quadrillion**	**tuhat biljoonaa** （トゥハトゥ　ビリヨーナー）
10^{18}（100 京）	**quintillion**	**triljoona**（トゥリリヨーナ）

カナ：へえ～、同じ語源を持つ単語でも位置がずれて、違う数字を意味するんですね。

ハンナ：そう。世界の中では英語が共通語というイメージがあるかも知れないけど、ヨーロッパの命数法では、英語が採用するショートスケールはむしろ少数派なのよ。

カナ：数え方によって数が全然違うなんて、考えたこともありませんでした。ちょっとの不注意が誤解を招くこともあるけど、そんなミスをなるべく減らして、もっとフィンランド語力を高めたいな。ハンナさん、ありがとうございました！

　謎は解決！　次はどんな依頼が舞い込んでくるかしら？

(2021 年 11 月 5 日初出)

Case 24：
『バターの花と白いタマネギ』
〜複合語〜

　Päivää（パイヴァー）！こんにちは！
　フィンランド語で２月は**helmikuu**（ヘルミクー）と言うの。**helmi**（ヘルミ）は「真珠」で**kuu**（クー）は「月」。つまり「真珠の月」って直訳になるんだけど、これがなぜ２月の月名になったかわかる？「真珠」を意味する**helmi**は、**jäähelmi**（ヤーヘルミ）＝「氷の粒」という単語が元になっているの。２月は１年で最も寒い時期。氷の粒がたくさん見られるでしょう？フィンランド語の月名は面白い由来を持つものが多いわよ。
　さて、今日もフィンランド語の謎を解明しなくちゃ。ハンナならどんな難題も解決できるんだから！

　今回の依頼人は、ミリタリー好きな高校３年生のマサト君よ。
　２回目の登場ね。

ハンナ：こんにちは。久しぶりね！
マサト：こんにちは！１年以上お会いしてませんでしたね。今年は受験の年だったので、忙しかったです。第一志望の大学に受かって、ちょっと落ち着いたので、フィンランド語の勉強を再開しました。

105

ハンナ：合格おめでとう！良かったわね。それで、今日はどんなご依頼かしら？

マサト：実はこの前、短期のフィンランド語講座に参加してみたんです。女性が多くてちょっと恥ずかしかったですけど、ネイティブの先生と話せて楽しかったですよ。そこでちょっと疑問に思ったことがあったんです。

　　　　参加者のほとんどは、僕みたいに独学で少し勉強していた人でした。最初に簡単な自己紹介や会話をする時間があって、その時に先生が「好きな花は何ですか？」という質問を参加者の１人にしたんですけど、その人は「バターの花」と答えたんです。

ハンナ：バターの花？本当にそう言ったの？

マサト：「ヴォイ　クッカ」と聞こえたから、そう思ったんですけど・・・それから、別の人も「嫌いな食べ物は何ですか？」という質問に「白いタマネギ」と答えたんです。これも何だか変だなあと思って。

ハンナ：ふーむ・・・マサト君、その２つの単語をフィンランド語で書ける？

マサト：はい、多分・・・聞いた通りだとこうでした。

　　　　（ハンナにメモを渡す）

---

voi kukka（ヴォイ　クッカ）＝バターの花？

valko sipuli（ヴァルコ　シプリ）＝白いタマネギ？

マサト：**voi**（ヴォイ）は「バター」、**kukka**（クッカ）は「花」ですよね？それと、**valko**（ヴァルコ）は「白」、**sipuli**（シプリ）は「タマネギ」で合ってますよね・・・それぞれの単語の意味はわかるのに、並べるとおかしなことになっていて。その時すぐには質問しにくく

て、そのままにしちゃいました。ハンナさん、この謎が解けますか？

ハンナ：トタ、トタ・・・わかったわ！
　　　　謎を解くカギは**「つなげた時の意味変化」**よ！

マサト：どういうことですか？
ハンナ：マサト君が書いてくれたメモを見ると、"**voi kukka**" も、"**valko sipuli**" も、スペースを空けているけど、正しいスペルは、"**voikukka**"、"**valkosipuli**" なの。つまり、くっつけて書くのよ。発音は変わらないけどね。そうすると、2つの単語が1つの「複合語」というものになるわ。複合語になると、元の単語の意味から変化することがあるのよ。
マサト：へえ？！「つなげた時」ってそういうことですか！
ハンナ：そう。**voikukka** は「タンポポ」、**valkosipuli** は「ニンニク」という意味なの。これなら前後の会話に合うでしょう？

マサト：ほんとだ！「好きな花はタンポポ」、「嫌いな食べ物はニンニク」
　　　　ですね。もしかして、こういうことってフィンランド語にはよく
　　　　あるんですか？

ハンナ：その通り。もちろん、「白」＋「ワイン」→「白ワイン」のような、
　　　　元の単語の意味から変わらない例もたくさんあるけど、例えばこ
　　　　んな複合語があるわ。

---

huuli（フーリ）「唇」＋ **harppu**（ハルップ）「ハープ」
→ **huuliharppu**「ハーモニカ」
jää（ヤー）「氷」＋ **kaappi**（カーッピ）「戸棚」
→ **jääkaappi**「冷蔵庫」
linnun（リンヌン）「鳥の」＋ **rata**（ラタ）「軌道」
→ **Linnunrata**「天の川、銀河」
meri（メリ）「海」＋ **siili**（シーリ）「ハリネズミ」
→ **merisiili**「ウニ」

マサト：「鳥の軌道」が「天の川」とか、「海のハリネズミ」が「ウニ」と
　　　　か、知らないとわからないなあ。でも言われればわかる気がしま
　　　　す。これでクイズが作れそう。

ハンナ：そうね！ただひたすら単語を覚えていくより、楽しみながら覚え
　　　　ていくのがいいと思うわよ。

マサト：僕、語彙力がまだまだだから、辞書を引く時には、その単語を使っ
　　　　た複合語にも注目してみようと思います。ハンナさん、ありがと
　　　　うございました！

謎は解決！次はどんな依頼が舞い込んでくるかしら？

（2022 年 2 月 25 日初出）

Case 25：
『言うには長すぎて』
～話し言葉における省略語～

　Päivää（パイヴァー）！こんにちは！
　ここ数年は仕事が忙しくて、なかなかフィンランドに行けていないの。フィンランド語には **lentää**（レンター）、「飛ぶ」という意味の動詞があるんだけど、この **lentää** は「飛行機で行く」という意味にもなるの。例えば、**Haluan lentää Suomeen.**（ハルアン　レンター　スオメーン）「私はフィンランドへ（飛行機で）行きたい」と言ったりするんだけど、直訳すれば「私はフィンランドに向けて飛びたい」ってことなのよね。本当に、今すぐ飛んで行きたいくらいだわ！
　さて、今日もフィンランド語の謎を解明しなくちゃ。ハンナならどんな難題も解決できるんだから！

　今回の依頼人は、留学生活を存分に楽しんで、つい先日帰国したユミコさんよ。

ハンナ：こんにちは、元気だった？本当に久しぶりね！
ユミコ：お久しぶりです！１年間の留学生活、とても充実していました。帰国して１ヶ月しか経ってないのに、もうフィンランドが恋しいです。
ハンナ：楽しく過ごせたようで良かったわ。勉強の方も、うまくいったの

109

かしら？

ユミコ：はい、語学力はまだまだだと思いますが、実際に行って使ってみると、留学前とは比べものにならないくらい上達したと思います。それでも、ネイティブの早口を聞き取るのは難しいですけどね。

ハンナ：そうね。で、今日はどんなご依頼？

ユミコ：まさにその、ネイティブの会話についてなんです。大学の友人とおしゃべりしていた時、そのうちの1人、ノーラという子がオペラを観に行った話をしたんです。興奮気味に話していたんですけど、その中の1文がどうもわからなくて。これは、その文を聞こえたままに書き取ったメモです。

（ハンナにメモを渡す）

Se oli eka kerta! （セ　オリ　エカ　ケルタ）

ハンナ：この文のどこがわからなかったの？

ユミコ：eka（エカ）という単語です。se oli（セ　オリ）は「それは～だった」という意味ですよね？ kerta（ケルタ）は回数の単位だと思うんですけど、そうしたら何かしらの数字が入るはずです。ところが、eka という数字は聞いたことがありません。私の聞き間違いだったら話は簡単なんですけど。みんなで話が盛り上がっていたので、流れを止めないよう質問をできずじまいでした。ハンナさん、この謎が解けますか？

ハンナ：トタ、トタ・・・わかったわ！
　　　　謎を解くカギは**「長すぎる単語」**よ！

110

ユミコ：え？さっきの文には、長い単語なんて入ってませんけど？

ハンナ：ユミコさん、あなたはリスニングが相当できるようになったのね。メモに書いてくれた文は正しいわ。フィンランド語は、書き言葉だと長い単語を、話す時に省略することが多いの。

ユミコ：ええ、それは知ってます・・・あ、まさかこれも話し言葉の省略語ですか？でも一体何の省略かさっぱりわかりません。

ハンナ：確かにこれは推測しにくいわね。この **eka** を書き言葉にすると **ensimmäinen**（エンシンマイネン）。これなら意味はわかるでしょ？

ユミコ：はい、「最初の」という意味です。そうか！ノーラが言った文を書き言葉に直すと **Se oli ensimmäinen kerta!** つまり「それは初めてだった」ってことですか？

ハンナ：その通り！おそらくノーラさんは、オペラ鑑賞が初めてだったんじゃない？それで興奮して「初めてのことだったの！」と言っていたんじゃないかしら。

ユミコ：なるほど、そう考えれば納得できます！それにしても、**ensimmäinen** を **eka** にするのは縮めすぎですね。

ハンナ：まあね。他にも、こんな省略語があるわ。

astianpesukone（アスティアンペスコネ）「食器洗浄機」

→ **tiskikone**（ティスキコネ）

makuuhuone（マクーフオネ）「寝室」→ **makkari**（マッカリ）

roskalaatikko（ロスカラーティッコ）「ゴミ箱」→ **roskis**（ロスキス）

Helsingin Sanomat（ヘルシンギン　サノマトゥ）「ヘルシンギンサノマット（新聞名）」→ **Hesari**（ヘサリ）

111

ユミコ：かなり省略するんですね。そして、**makkari** とかちょっと可愛らしい。

ハンナ：確かにそうね。フィンランド語は複合語[*1]が多いから、どうしても長くなってしまうの。だから省略語も多くなるわ。現地で実際に使いながら覚えていくのがいいかもね。

ユミコ：あ〜、もっとこういう単語を勉強しておけば、留学中もあんまり苦労しな

かったかも。でも、今後もフィンランドへはちょくちょく行くつもりなので、現地でどんどん吸収していきたいな。ハンナさん、ありがとうございました！

謎は解決！次はどんな依頼が舞い込んでくるかしら？

（2022 年 5 月 31 日初出）

*1　複合語：Case 24 を参照。

コラム5

つなげた時の悲劇

　Case 24 は単語を複数くっつけて作る「複合語」の話でした。英語では 2 語以上に分けて表すものを、フィンランド語では 1 語にしてしまうことがよくあります。例えば「リンゴジュース」を英語で書くと apple juice ですが、フィンランド語は omenamehu（オメナメフ）。omena「リンゴ」と mehu「ジュース」を 1 語にしてしまうのです。当然、長い単語が増えるわけで、Case 25 のような省略という手を使うことがあります（矛盾しているように思えますが）。

　フィンランド語学習者が文章を読んでいると、こういった複合語に戸惑うことがあります。複合する前の単語の切れ目がどこなのかわかりにくいのです。日本語も「東京特許許可局」のように切れ目がわかりにくい言語ですが、外国語となるとお手上げですよね。

　例えば vastaanotto という複合語があるのですが、どこに単語の切れ目があるかわかりますか？答えは vastaan と otto で切れます。vastaan（ヴァスターン）は「応答の」、otto（オット）は「取ること」を意味し、vastaanotto は「受付」という意味の単語です。慣れない人は"ヴァスターノット"と読んでしまうのですが、正しい発音は"ヴァスターンオット"。切れ目の通りに発音するのが原則です。

　また、長い単語が発音しにくいということも多々あります。特に伸ばす音"ー"や日本語の"ッ"のような音が含まれるとなおさらです。例えば、myymäläpäällikkö は「（スーパーなどの）店長」を意味しますが、発音をカナ表記すると"ミューマラパーッリッコ"という非常に面白い響きになります。ぜひ音読してみてください。

113

フィンランド語学習に役立つ本と学習サイト

　本書を読んでフィンランド語に興味を持った方のために、入門者でも手が出しやすい文法書、辞書、その他参考資料をご紹介します。（書籍は発行年順、学習サイトはタイトル順）

文法書

千葉庄寿 (2007)『ゼロから話せるフィンランド語　会話中心』（三修社）

　タイトルの通り、会話文から文法を身につける手法。巻末の語彙集はイラスト付きなので、わかりやすく覚えやすい。文法用語が日本語・フィンランド語の両方で書かれているので、そこも楽しむ気持ちで。

吉田欣吾 (2010)『フィンランド語文法ハンドブック』（白水社）

　フィンランド語文法の全容が知りたい人にはこれがオススメ。文法はきちんと学ぶと難しいが、豊富な例文でわかりやすく解説されている。下記のトレーニングブックとセットで使うと効果は抜群。

吉田欣吾 (2013)『フィンランド語トレーニングブック』（白水社）

　文法を知りたい、ドリルもやってみたい、という人にはこれがオススメ。文法項目が細かく分かれているので、のんびりペースで学びたい人にも良い。左ページに文法説明、右ページに練習問題というわかりやすい構成。留学前にこれで勉強した人も多いのでは。

山川亜古 (2018)『ニューエクスプレスプラス　フィンランド語』（白水社）

　語学書を手がける大手出版社、白水社の有名な『ニューエクスプレス』シリーズ。初級〜中級の文法を一通り学べる。付属 CD の音源は、スマートフォンのアプリでも聞ける。巻末には簡単なスピーチやカードに書けるメッセージが掲載されていて便利。

石井晴奈 (2019)『Moi からはじめよう フィンランド語の手ほどき』(ビネバル出版)

2024 年現在、日本で最も新しいフィンランド語の入門書。文法用語が苦手な人のために、難しい用語をなるべく使わずに解説している。基本的な挨拶、動詞の現在形、場所の表現、ものの数え方など、項目が絞られているので、フィンランド語をちょっとかじってみたいという人にも。

辞 書

本多雄伸 (2011)『フィン・日ポケット辞典』(ウルポ)

インターネットでのみ購入可 (http://www9.plala.or.jp/Jussih/sanak/sanakirja.htm)。手のひらサイズにもかかわらず、フィン・日と日・フィンそれぞれ 1 万語以上を収録。マイナー言語の辞書としては安価な 4,800 円 (消費税・送料込)。ちなみに「ポケット辞典」はフィンランド語で taskusanakirja (タスクサナキルヤ)。

吉田欣吾 (2019)『パスポート初級フィンランド語辞典』(白水社)

入門者にも、上級者にも、日本で出版されている辞書の中ではダントツにオススメ。複雑な語形変化にも対応した見出し語がありがたい。豊富な例文のおかげで、単語の意味だけでなく使い方もよくわかる。巻末には動物、野菜などのジャンル別語彙集、日常でよく見かける省略語など、役立つ情報が満載。4,500 円＋税とコスパも良い。

エッセイ

青木エリナ (2002)『旅の指さし会話帳 35 フィンランド』(情報センター出版局)

様々な言語でこのシリーズが出ているので、書店で手に取ったことのある人もいるのでは。挨拶や旅行会話がイラスト付きでわかりやすく掲載されている。伝えたいことを指さしながら発音したら、フィンランド人も喜んでくれるかも。眺めているだけで単語を覚えられそうな楽しい本。

稲垣美晴 (2019)『フィンランド語は猫の言葉』(角川文庫)

　他社で一度は絶版になったが、著者のご尽力により復活し、現在は角川文庫から出版されている。1970年代、美術を学ぶため日本から単身留学した著者は、極寒の地で語学に明け暮れるようになる。エッセイではあるが、随所に文法も面白く説明されていて、「学べる留学体験記」である。筆者がフィンランド語を学ぼうと思ったきっかけはこの本との出会い。

─────── 学習サイト ───────

Suomen kielen alkeet「フィンランド語入門」(Yle)

https://yle.fi/aihie/oppiminen/suomen-kielen-alkeet

　フィンランドの国営放送 Yle が作成した学習サイト。"Finnish phrases" のコーナーでは、短い動画が20本公開されている。挨拶、時刻、天気、買い物の表現など、学習者が知りたいテーマについて様々な表現を学べるのでオススメ。

Yle uutiset selkosuomeksi「明快なフィンランド語による Yle ニュース」(Yle)

https://yle.fi/uutiset/osasto/selkouutiset/

　これも Yle が作成している、移民など非ネイティブのためのニュースサイト。簡単なフィンランド語で書かれた短いニュースが毎日更新される。音声とテキストの両方が掲載されているので、表現の確認が容易にできる。辞書を使いながら少しでも読めたら、学習のモチベーションが上がること間違いなし。

おわりに

　フィンランド語ミステリーはいかがでしたか？すでにフィンランド語を学んだことがあれば「あ〜こういうことがあったな！」と共感していただけることが多かったと思います。フィンランド語の知識が全くなくても「へえ〜こんなことがあるんだ！英語と全然違う！」など、フィンランド語への興味がかき立てられたのではないでしょうか。いずれにせよ、ハンナの鮮やかな推理とフィンランド語をお楽しみいただけたなら幸いです。

　本書の執筆・出版にあたり、まずはビネバル出版の山中典夫社長に心より感謝を申し上げます。そして、ストーリーにぴったりの可愛いイラストを描いてくれた、幼なじみのHияоко（ヒロコ）さんにも御礼を申し上げます。
　さらに、フィンランドに何かしら関わる多くの友人・知人から、各話のテーマを思いつくヒントをたくさんいただきました。本当にありがとうございます。

　最後になりましたが、読者の皆様にも感謝の言葉を申し上げます。

Paljon kiitoksia!（パルヨン　キートクシア）
本当にありがとうございました！

【著者紹介】

石井晴奈（いしい　はるな）

東京都出身

＜学歴＞

2004 年　東京外国語大学フランス語専攻卒業

2006 年　東京外国語大学大学院博士前期課程修了（言語学修士）

2007 年～ 2008 年　フィンランド・トゥルク大学人文学部留学

2011 年　東京外国語大学大学院博士後期課程単位取得退学の後、
　　　　　博士号（学術）取得

　現在、東京外国語大学非常勤講師（フィンランド語）、フェリス
女学院大学非常勤講師（日本語）、東京医薬看護専門学校非常勤講
師（言語学・音声学）、他都内の北欧語学教育施設でフィンランド
語を教えている。

語学探偵ハンナ

謎解きフィンランド語

2024 年 12 月 25 日発行

著　者：石井晴奈

発行人：山中典夫

発　行：（有）ビネバル出版

〒 162-0813 東京都新宿区東五軒町 2-11-201

電話 03-5261-8899　FAX 03-5261-0025

発売　星雲社（共同出版社・流通責任出版社）

印刷・製本（有）タチカワ印刷

＊本書内容の無断引用、無断掲載はかたくお断りいたします。

＊乱丁・落丁がありしたら上記電話番号にお知らせ下さい。
　送料負担でお取り替え致します。